¶
alinea

也稱pilcrow，是一個古老的編輯符號——¶，標示出新的段落，
同時指引讀者從此將要開始新的討論或新的思緒。
以alinea命名的書系，就是要回歸到編輯的古典角色，
以我們對於閱讀的眞誠與專業熱情，
不斷爲讀者打開一個又一個不同流俗的新視野。

08

辛老師的私房美學課

辛意雲　著

出版前訪談（代序）

＊編按：作者受訪於本書付梓之際，由編輯室整理。

三十年來在美學教學方面的觀察與省思

台灣在美學教育上，不論是在學校教育、社會教育、生活教育、藝術教育上其實都不夠周全，也還有深入的空間。

記得在我大一時，我去台大哲學系旁聽，因時間的限制，只能選擇哲學概論與美學。任課的教授，是當年台大哲學系的系主任，留日的，以德國古典主義的美學為主。可惜教沒多久，他就因病停課了。而上研究所時，去藝研所旁聽美學課，當時任課的老師所講授的美學則是以數學微積分的精算為基礎。而後師大美術系也開美學課，則以美學和六大基礎為講授的主題。之後沒多久也就停開了。

台灣幾十年來在各學院中的美學教育，都相當專門，藝術與美學間的關聯似乎不大，所以從事於中學、小學各藝術科的老師很自然的都偏重藝術、技藝的教導，藝術和美好像是相互不連結的。有的藝術創作者甚至還認為，學美學是會妨害創作，或說不會藝術創作的人，才愛談美學。

隨著台灣社會經濟的發展、商業的需要，「美學」似乎越來越被需要，而後李澤厚的《美的歷程》出版，一時間風靡當時的台灣學術界、文藝界，台灣社會上講「美學」的、談美的，一下子蔚為風氣。但是所談的「美」，多半偏重在「感性」的抒發上，而且偏向在自我主觀美的感受認定，只要自己喜歡就是美，美就是漂亮，就是可愛，甚至連什麼是藝術，都簡單視為只要自己喜歡、認定就是藝術。

社會上一般人似乎多半忽略了「藝術」和「美」在主觀的認定、喜歡下，還有理性客觀的成分，這包含人類共同的心理與情感——生命情感、審美情感的部分，還有構成藝術的物質材料成分，如此才能構築人類文明中最輝煌、精彩的藝術創造活動。

其實，人們如果能有一點美學基礎的認識，就能更深入「美」的享受中，擁有更多從藝術中得到的快樂，在基礎美學的學習中，凡修習基礎美學的藝大學生多擴大了對藝術的認知與美的感受，而更容易掌握藝術創作與藝術的診斷。

這是我長期在學校擔任基礎美學課程特有的觀察與感受。

對美學教育未來發展的建言

其實，美學是生命教育中的最重要的成分之一；因為藝術是人類生命中的一種帶著豐富情感，並擁有特殊意識——審美意識的創作活動。

康德說：「藝術是人不合目的，又合目的的創作活動」。這「不合目的」的意思，是指不合人的「生存目的」的創作活動，是人「自由」的表徵。這是因為人在「生物性」的基礎上，人的一切活動都是為了達成生物生存的目的而努力，這是人的局限，是人被綑綁的地方，而當人在審美意識的推動下，情不自禁的只是為了「美」的追求，擺脫了生存目的，而有了藝術的創造，這就是人擺脫了生存的控制，展現出人「不合生存目的」自由的可能。同時這種創作是人生命更高、更大的生命層次的提升，是人真正生命的開展，也是人生命自由的獲得。

這如同近代西方大心理學家馬斯洛所說的，「當人生物本能的需要被滿足後，就會走上更高層次的需要，這是人精神本能的開展，而『愛』與『美』的追求，以及『自我實現』的需求，與『自我創造』，就是人精神的開展，不如此，人是會生病的。」

人對藝術的好奇，對美的追求，都是人走向人自身的精神世界，是自身「生命完善性」的尋求。而什麼是「美」？「美」不是一般人以為的漂亮、可愛，「美」其實是指人內在生命的觸動，以至人生命內在最深沉的感動。這種感動讓你覺得「活著真好」。

我們看世界上自古及今多數的人們都覺得生活是很艱難的，生命的本身就是一種苦難，人們於是透過各種宗教來開解。不過我們就人的心理上的感受來看，即使在宗教信仰上，當人們真感受到生命的美感，進而產生出活著真好的感受，信仰也才會虔誠而堅定。是以「美」可以說是人「生命完善性的感動」。未來的美學教育就當從「自我生命的認識」開始，而藝術是其走向的路徑。

面對現今科技與藝術的結合，是否有什麼看法？

今天科技與藝術的結合，這是社會的發展與時代的一種趨勢，重要的是再怎麼發展與結合，若不是純然的以科技為主，那必然得合乎藝術性。

而什麼是藝術性？藝術性就是指具有藝術的特徵，是藝術之所以為藝術的構成元素。而所謂藝術的特徵，一、是指藝術的審美性，藝術得能提供豐富的審美享受。二、藝術得有豐富的情感性。人類的情感活動與藝術存在著內在緊密的聯繫。而人的生命情感與審美情感是構成藝術深沉內涵的核心成分。三、豐富的感性形象是藝術的基本形態。透過豐富而鮮明的感性形象，才足以引動人們的感情，帶出人們感同身受的生命情感與審美情感，以提升人的生命性與大智慧。

我想不論什麼領域和藝術結合，若是以藝術相稱，當具有這三項基本特徵，否則就不足以稱為藝術。這時代，科技昌盛，科技必會與藝術結合而走向新的發展，但不論如何，走向都仍得合乎藝術之所以為藝術的構成元素，如此才稱得上是藝術，並達成推動人類文明向上提升的功能。

談談個人接觸美學的源起與受啟發的因緣

我父母都非常喜歡文學和藝術。他們都是學英國文學的，此外我父親擅長書法和刻印章，並且好唱西方歌劇中的詠嘆調，也愛唱京戲中的黑頭，就是大花臉。只要他在家總聽見他的歌聲；我母親則好看電影，並好討論電影中故事的情節。小時候，她就算再忙也一定在每禮拜的周末帶我與姊姊去看電影。看完必和我們討論，並詢問好不好看，而且堅持要我們說出好看之處和不好看的地方，她也一定要我試著思考說出個道理。她也好書法，又喜歡閒餘拉胡琴、小提琴，也常彈三弦，並好唱京戲中的青衣，常粉墨登場的票戲。她在家總是有繚繞耳畔的中西音樂。

在台南時，母親得空總帶我們去逛老廟，並帶我們欣賞廟中高掛的古匾與各柱子上的對聯，常問我姊姊喜歡哪些字，為什麼？假日她最愛帶我們去台南中山公園小湖邊，在柳蔭樹下，叫壺茶，靜坐看著湖水、不說話，也不准我和姊姊說話。此時，她總叫我們學著靜默不語，享受一下自然，就連發呆也好。總之，這時是不准講話的。

當時，並不理解為什麼，時間久了，懵懂中只覺得在那當下其實感受到沒有什麼目的的舒坦。我因為身體不好，經常進醫院，或時常臥病在家，母親就依時間順序，從神話、宗教故事、少年小說、各種傳奇，以至西方近代小說等安排讓我閱讀。記得在讀西方小說，約十九、二十世紀初的作品，常有藝術以及有關美學的討論在其中，讀得非常喜歡。那時以為談「哲學」就是專論這些有關生死藝術、美學的問題，所以大學考試就選擇了哲學系。後來念書時查閱課程資料，看到當時的台大哲學系所有關「美學」的課程，時間又對得上，我就去旁聽了台大的美學。可惜上沒多久，因老師生病而停課，課程中斷後，反倒專心去學哲學。直到上研究所，才再去旁聽自己學校藝研所的美學，只是聽得有些糊里糊塗的。

出來教書之後，碰觸到不少藝術的問題，每次和朋友討論，我多從哲學及心理學的觀點切入，提出分析、提出看法，也受到從事文藝創作的朋友們認同。

而後錢穆（賓四）先生指點我，中國美學當從西周禮樂制度談起，要我好好的讀《詩經》、《左傳》、《論語》、《禮記》、《樂記》等重要經典，深入去體會傳統中國文化中所說的「情意」，這和西方哲學美學中所敘說的感情層面不同，由此我看到中西兩個知識大系統中的差異和分野，那時真是欣喜萬分。此後我就能浸潤在這份中西審美的享受中，甚至也可分享人類共有的審美情感。

「審美」是人類之所以為人類的共同特性，是以藝術創作是人類共有的創作活動。藝術的呈現不同，是因生存環境的差異，而形成的美感經驗不同所致。但不論美感經驗有多麼不同，具有「美感」的審美性是共有的，且有共通之處，所以各地方、各文化、各民族都有藝術的創造及完成。而當這些創造在達到藝術的領域，就可以跨時間、跨空間、跨民族、跨文化，而成為人類世界的瑰寶。

享受藝術、享受人類相通的美感，真是人生最快樂、最大的生命享有，因此我就將它介紹給學生們了。

這次出版這本新書是否有什麼期待？

對這本新書的期待，當然首先是希望讀者能喜歡這本書，同時也期望這本書中的文章，可提供朋友們一些可參考的意見。

不過我內心倒真希望整個華人世界在未來，隨著社會的進展、「美」的品味提升，對「美學」、「藝術」的認識加深，不是只停留在很本能的個人喜好上。然後能如同漢唐、宋元明時能培養出其時代的審美品味。大家今天都喜歡去日本旅遊、享受日本精緻典雅的生活品質。其實我們如從文獻紀錄來看，日本今天的「美」，有好些都源自宋明的美與生活品味的再發揮。這不止包括茶道、花道等特有的藝術，還包括所謂的和風飲食和各種器皿的使用。如同朋友們看宋人筆記《武陵舊事》，就會發現好多生活中的美、風尚，被保留在日本。今天許多人前往，我想也是情不自禁的對東方原有的生活美的追尋吧！

我有幸在近來參加白先勇老師的青春版《牡丹亭》的製作。當時，我們就是希望作出一種傳統古典美的典範，以作為當代文藝復興的一個起點，所幸不僅演出是成功的，並確實也影響了社會有關「美」的認識與開展。如果我真有期待，我希望人們對美的認識越來越深刻，以至到對「生命」的自覺與認識上。因為真正的「美」，就是自我「生命完善性」的感受與感動。

「美學」從傳統中國文化中說，就是一種「生命之學」、「認識生命之學」，其實這點在西方尤其到近代，也有類似的觀點。

目次

卷三

時代器物之美

卷四

靈動的書畫之美

附錄

卷一

從繪畫光影談起

光・色彩・眼睛
——綻放藝術光芒的十九世紀

＊光貫穿了莫內曲折、奮進的一生，莫內也對光做了極致的描繪。這描繪似乎已超越了形象，進入人類靈性的高峰，一如古希臘神話中天神普羅米修斯為人類盜取天火，點燃人類的眼睛……（編按：本文是作者為莫內及印象派大師畫作來台展出時的撰文。）

西歐在經過幾次十字軍東征，除了帶回了促成往後資本主義社會發展的財富外，也帶回了屬於「自由」的思想，並進而引進當時阿拉伯人研究科學的精神。歐洲人開始從只對天國的追求，逐步回到現實，他們開始重視物質，肯定人俗世的需要與滿足。

從著名的薄伽丘的《十日談》裡，我們似乎可以聽到人們從上帝的誡命中解放出來的笑聲。人們在面對危機，接受挑戰時，似乎也可以開始依賴自己的機智、聰明、勇敢或能力。人開始明確地意識到「人」在這世界中的地位，知道可以充分享用這原本不被宗教接納的幸福。人也似乎開始張開了自己的雙眼，來看這世界了。

西歐從十四世紀到十七世紀，還是在累積人的感官知覺的階段，期間雖有各種學術上的發明、發現，以及達文西、米開朗基羅、拉斐爾的不朽創作，甚至還有各種各樣的政治改革、宗教運動、民族覺醒，不過這一切都還是人們在嘗試用自己的雙眼看這世界，摸索著前進。我們可以從這些活動中，看到人類的自我覺醒，自我發現，它促成了嶄新科學研究與發展。

只是在這全新的摸索與前進之中，人們還需要一些基本發展的憑藉，以作為創作上的規則，於是當時的人們選擇了古希臘時期的大哲學家亞里斯多德的哲學及詩學，以作為學術，及當時表達人類心靈活動——文藝創作的基本規範。

法國隨著這時代的巨輪運轉，路易十四臨政，完成了君主極權制，舉凡政治、財務、軍事、宗教、文學、藝術等支配權，都掌握在他一人手裡，因此在此時，法國的文學、藝術也都反映出這種絕對意識。當然，也就在這種意識中，法國開始不再全盤輸入義大利等其他西歐國家的文化、藝術，而展現出自己獨特的式樣、風格，並進而確立一種人為的、對美的趣味與規則。

為了確立這種人為的對美的趣味與規則，也為了藉此表現法國絕然獨立在西歐諸國之中，當時法國成立三種提供文人交際的場所：一是沙龍、二是法蘭西學士院、三是王門修道院。

這三個地方同時也是集中文藝人士意見的場所，凡文學、美術甚至哲學，如果有了什麼新意見、新作品，都可以拿到這裡討論，而後獲得定評，如此一則防止了「異端邪說」，二則確立了亞里斯多德的詩學，為當時唯一的文藝典範。這一切說明從十七世紀起，法國的文學、藝術，特別是美術創作，不再接受仍流行歐洲所展現激烈動盪的巴洛克風格，而開始創作出端正、理智合乎靜定規則的法國式樣。

靜謐、端麗、均衡、調和成為法國古典主義的基本要素。至此，法國繪畫崇尚秩序和知性，充滿了理性的光輝，也展現人內心本有的寧靜。

意識時代的「自由」氛圍，藝術家開始嘗試表現自我

十八世紀中期，法國大革命，動搖了整個歐洲社會。它與美國獨立，遙相呼應，影響了此後的世界。人們也就在此舊政體崩潰中再次出走，進一步擺脫原本輔助人們成

長，而後卻變成桎梏的「舊規律」。人們開始意識到「自由」，「自由」成為這個時代的大方向。

藝術家們也跟著逃脫了已成桎梏的束縛，開始進一步的追求人類仍被抑止住的強烈感情。他們開始關心民眾，崇尚自然，敢於嘗試表現自我，傳達自己強烈的個性，以及個人喜歡的生活方式。

人們大膽的宣說許多新的發現、新的訊息。大文豪雨果藉著小說，宣告人類的平等。哲學家聖西門（Henri de Saint Simon, 1760-1825）、傅立葉（François Marie Charles Fourier, 1772-1837），正熱切地構築人類共同的理想社會。狄羅德則努力的想把人類的知識，收集到一部大書之中。

畫家們也隨這股被解放的感情，大膽強烈地用色，如新古典主義的大衛（Jacques-Louis David, 1748-1825）、安哥爾（Jean-Auguste-Dominique Ingres, 1780-1867），他們在舊的規律中，發展出新的視覺效果，新而強烈的題材，使人耳目為之一新，看到從未看到的世界。

有人甚至將自古以來，人們認為醜陋的事物，畫入畫中，不僅擴大了「美」的涵義，也更完全地表現了人類生命的真相與情懷，就像浪漫主義的代表德拉克洛瓦

（Eugene Delacroix, 1789-1863），他在〈但丁的小舟〉呈現了死亡的絕望，在〈7月28日，自由領導人民〉中展現革命的壯烈。又如杜米埃在〈三等車廂〉中表達了勞動大眾的樸質，這其中含藏人類內在的壯闊生命。這一切其實都可說是人們放大了眼睛，開始看進了人群，有如中國的一部史記，將人帶進了宇宙，開展出以「人」為中心的世界。

十九世紀後期，是一個錯綜複雜的時代，也是人類快速狂飆的時代。各種各樣的創造，特別是來自機器生產，科學技術的更新，更是令人類目不暇給。人們乘著科學技術的快車，飛速地走進種種嶄新的事實之中。哲學家孔德，用這些新的「事實」，構築起新的哲學系統。達爾文的進化論使人們更意識到不止生命，甚至整個地球以至宇宙都是在發展演化、運動、變化、開展之中。世界絕不是個永恆、靜定的場所。世界似乎在瞬間跳動了起來。事物刹刹生滅，瞬息萬變，而這一切又都直閃入人的視網膜間。人原本還正滿足在浪漫主義強烈的色彩效果、激烈的力動構圖、誇張的戲劇性情感之中。剎那間，這一切都似乎不再真實、貼切，人們似乎想要進一步地去捕捉瞬息萬變的世界。

「變」是科學發現的最新事實，似乎也成為人類生命的事實。人是置身在這樣一個變的世界。十九世紀法國大文豪波特萊爾說：「現世是短暫的，瞬間即逝，生命迅速而偶然。」人們被這「閃現」的光芒吸引全部的注意力。

十三世紀歐洲聖哲托瑪斯・阿奎那（St. Thomas Aquinas, 1225-1274）曾經說過：美的構成要件有三，一是完整性或完備性，凡破碎、殘缺的東西都是醜的。二是適當的勻稱和調和。三是光輝和色彩。

歐洲從文藝復興以來，直到十九世紀前半期，繪畫的大原則，其實都沿著這軌跡運行。只是以往的光或是展現主體，或是統合紛雜的現象，基本上多是被設定的光源。雖然有些風景畫家，尤其十九世紀中期巴比松畫派，他們離開屋子，走入自然，接受自然的太陽光芒，但其光也都是溫和而不耀眼。

印象派畫家對光的思索與表現

法國印象主義畫家，在這風起雲湧、瞬息萬變的世界裡，真正隨著世潮進入了翻天覆地的光天化日之中了。

他們的眼睛似乎被近代光學原理及儀器打開，不僅勘破了從十四、五世紀以來由菲利波・布魯內萊斯基（Filippo Brunelleschi, 1377-1446）建立的「如果能假設一個單一的視點，然後再將所有平面的垂直線，向水平線的那個點上集中，如此就能在二度平面的空間上構築起一個立體的三度空間。」而後由馬薩喬（Masaccio, 1401-1428）在〈聖三位一體〉的畫面上實踐了這個透視原理，從此歐洲的畫家們莫不運用這原理造成有組織的深度幻覺，展現了當時人們剛離開上帝，看到的物理性空間。

十九世紀後半期的印象派畫家們則隨著新光學原理，透過三稜鏡，看到光是由紅、橙、黃、綠、藍、靛、紫七色所組成。同時所有被看見的形體的顏色並不穩定，它們會隨著周遭其他事的顏色而變化，甚至發現在絕然不同的對比色中，其實有著互補的作用。人的眼睛有了新的開展，光與色也有了新的分離與融合。畫家此時看到的事物，不只是單一的純粹客體，而是與周遭事物相互輝映、閃爍變化的色塊、色點或色彩。畫家們也不必再拘泥於假設的三度空間之中，即使有如東方藝術，特別是日本浮世繪的那種以平面二度空間塗繪，主體兀然呈現眼前的畫面，亦何嘗不是人視覺的真實呢？

畫家馬奈，大膽的運用了這些新的繪畫元素，表達了他眼睛中所見的事物。他不僅放棄了舊有的繪畫規律，甚至也放棄長久以來繪畫中不可缺少的文學故事，及任何原有的美學理論。他只畫他所看見的——那是一種純粹的視覺表現。當時保守的批評家們，憤怒地批評他毫無創作能力，只會描繪所看到的周遭事物。他們不知這就是現代繪畫的開始，是新時代人們心靈的表現。今天人們終於稱他為現代藝術的創始者。

印象主義畫派是現代繪畫的一個里程碑。畫家們可以不再受限於古代神話，英雄傳說，宗教信仰，也無須致力於表達自古以來人們所嚮往的永恆世界。畫家們只要張開眼睛，就可以看到豐盛而躍動的世界。光不再只是上帝的化身，而是大自然中瞬息萬變的部分。以馬奈為中心，年輕的畫家們一個個走進這新發現的大自然中，並付出畢生的精力探索這代表著變化的「光芒」。

今天，我們隨便翻閱任何一本有關印象派畫家的畫冊，閱讀他們遺留的文字，都可看到他們對「光」的追求。

諸如畫家畢沙羅，總是熱心地引導年輕畫家認識野外光線的魅力。他發展出不混雜未乾的油彩，又不損及顏色的亮度，而能呈現「反射陽光」的漂亮技巧。即使像以人物畫為主的竇加、雷諾瓦，他們也抓住那無所不在，處處相互輝映閃爍的光芒，以呈現現代人物特有的情緒。不論紳士淑女、知識分子、市井小民、劇院舞團、酒吧妓女或是勞動大眾，人們都在這裡，閃現出自古以來未有的風貌。甚至被稱為後期印象派的三傑——塞尚、梵谷、高更，或是被稱為新印象主義的秀拉、席涅克（Paul Signac）、惠斯勒（J.M. Whistler）、羅德列克，也都是在這基礎上發展他們輝煌燦爛的成就。而莫內這顆印象主義畫派中耀眼的巨星，也是印象主義畫派中真正的中心人物。雷諾瓦曾在

法國莫內花園實景。

他的回憶錄中說：「當時要是沒有莫內，他們這些同志，將會遭受挫折。」而「印象主義」之得名，也是當時因他的一幅名叫〈印象・日出〉的畫作而獲得的。

這幅畫是莫內在西元一八七二年所畫的勒阿弗爾港的一個情景。當時的勒阿弗爾港被灰色的濃霧籠罩，靠港的船隻和煙囪只剩下一些淡紫色的影子。最近的二艘小船也只是模糊的黑影。但天空是淡紅色，太陽飄浮在霧中，緩緩上升，是鮮豔的橘紅色，海面也相映著鋸齒般橘紅色的反光。莫內仔細地觀察這海上的霧中風景，並用畫筆捕捉這瞬間即將消失的「印象」。

對於事物本質的追求，從追求永恆到肯定瞬間的光

西歐從古希臘時期，即視這種會瞬間消失的「印象」是一種假象，是無法作為知識對象的。人們當從這「印象」中尋找永恆不變事物的「本質」或「真實」，以為真理的標準。

從希臘時期，經羅馬帝國，進入中世紀信仰上帝的時代，歐洲無一不是在追求這事物永恆的本質。文藝復興至十九世紀上半期，歐洲雖有許多新的素質加入，但舉凡哲

學、文學、自然科學的研究；繪畫、雕塑、建築的創作中，其實還是圍繞在這「永恆的本質」上打轉。他們隨時隨地仍熱切的希望發現，並刻劃下永恆的本質。只有莫內，他抓住了這瞬息萬變的光與瞬息萬變的景致。他肯定這隨時即將消失、永不再現的「印象」。終其一生，他都在追求這「光」和這隨時變化的「印象」。

從西元一八七〇年開始，莫內常以同一個主題，在不同的光線下、不同的角度中創作出不同的風景畫。甚至在不同的季節裡，面對同一主題，畫出不同的景色。其中最有名的〈乾草堆〉、〈白楊〉、〈盧昂大教堂〉，還有〈池裡的蓮花〉。這些都是他在不同的時刻、不同的天氣、光線下觀察到種種光及色彩的紀錄。天地萬物間形體對他來說，似乎只是光及色彩的凝聚而已。

此外，他也喜歡水，水也是他從早期就愛畫的題材。特別是水中的天光、倒影。不論是海中粼粼的波光，或池裡飄搖的水草，無一不是他筆下努力的紀錄。

在水中似乎更可以捕捉到上下天光輝映和隨即消失無蹤的閃爍，「蓮花池」成為他至死都未放下的題材，而也唯有在這上下輝映的天光中，人們似乎可以藉此從有形跨入無形，從具象進入抽象，看到實與虛之間的無限開展。

光貫穿了莫內曲折、奮進的一生，莫內也對光做了極致的描繪。這描繪似乎已超越了形象，進入人類靈性的高峰，一如古希臘神話中天神普羅米修斯為人類盜取天火，點燃人類的眼睛，莫內似乎也透過了繪畫再次點亮了十九、廿世紀人類的眼睛。

台灣大眾經過數十年勤奮的努力，也累積出邁向已開發社會的資本，自由也成為今天台灣民眾共同嚮往的大道。我們如何運用這些資本，走向自由又美好的社會，大概就看我們的眼睛，如何瞻望著未來。

而台灣從西元一九二二年左右開始學習西方繪畫，其承接的，正好就是印象主義畫派，是以到今天印象主義畫派仍被台灣民眾所喜愛。

這次（一九九三年）國立故宮博物院，在帝門藝術教育基金會的策劃下，主辦莫內及印象派大師的作品展，讓我們可以直接看到印象派大師們的一

莫內花園實景。（作者提供）

莫內花園實景。

些原作，了解色彩與光的關係，這或將是我們重開一次眼睛的機會，而後可以去面對另一新的未來，發展出新的創作了罷？

十七世紀荷蘭的繪畫光影
——我最愛的十七世紀的三位畫家

＊荷蘭強大的船隊為荷蘭帶來了商業繁榮，使荷蘭很快地成為歐洲最富強而先進的國家。……為了精神的享受、生活的美化，於是市民們也開始有購置「藝術品」的欲望。如此一來，畫市也隨之興起。

西方文藝復興的發生，有諸多因素，諸如當時手工業技術的改進，使城市中形成了許多手工業的工廠，於是鄉村人口向城市集中。而這經濟力，經濟基礎的改變，導致社會上層結構的改變，新興的資產階級與舊貴族和宗教勢力根本性的對立。而新興資產階級與舊宗教勢力相抗衡中，其最響亮的口號就是「人文主義」，肯定現實的人生意義，並享受人間的歡樂，相信人的力量，要以人的現實的知識造福人類，進而促進人從各種舊有的信仰框架、規範中釋放，人們於是試著不用神的眼光看世界、看自己，而是用人自身的眼光，或世俗的眼光看自己、看社會、看人世間。

十七世紀，歐洲列強爭霸各地，各國的國君、貴族、高級公民在新的財富、新的思想、新的天地的個人走向驕奢淫逸的生活中，宗教信仰更形衰落。

文藝復興的早期，人們還以宗教信仰的題材來表達人文思想，但是到了十七世紀，人們走出了信仰的宗教領地，在繪畫上人們用世俗的人物畫、肖像畫、風景畫、靜物畫，或裸體人像畫，鋪展在各自的豪宅、官邸之中。他們以藝術來表達有權階級的富足、安定和享樂。

成為海上霸主的荷蘭，在經濟繁榮下也開拓了繪畫題材

十七世紀歐洲的列強時代，荷蘭是名列前茅的。當時西班牙已衰落，英國法國還沒全然崛起。而荷蘭在十六世紀末尼德蘭革命，荷蘭擺脫西班牙統治，廢除了西班牙國王腓力二世在荷蘭的一切權力，成立了歐洲，也是世界上第一個資產階級共和國。在資產階級直接掌握國家經濟命脈，荷蘭快速接替西班牙，成為海上霸主。

荷蘭強大的船隊為荷蘭帶來了商業繁榮，使荷蘭很快地成為歐洲最富強而先進的國

家。而社會上，工商業的發展，使一般市民也擺脫了原先閉關自守所造成的愚昧和貧窮。為了精神的享受、生活的美化，於是市民們也開始有購置「藝術品」的欲望。如此一來，畫市也隨之興起。接著，有關生活中的各種生活題材都搬進了繪畫中，進了市場，進了市民們的家庭。因此，肖像畫、風景畫、靜物畫、民族風俗畫等，都成了真實而親切的繪畫及藝術創作內容。

人們所關心的不再是聖像、聖經的故事，畫家們所研究的也不再是歷史畫、神話傳說，而是看市民的需要而決定。荷蘭人隨著經濟的繁榮，享受生活，於是自己的父老兄弟、妻兒子女、自然、花卉、屋中的擺設，甚至廚房中的瓜果蔬菜，都成了人們喜愛妝點自己的裝飾，如此一來，荷蘭人、荷蘭的畫家們，就把西方二千多年來藝術的傳統題材，從神祕狹窄的道路上，帶入了人們現實生活的大地上。這樣西方藝術史的發展上，一次不經意的轉換，是荷蘭畫派所做一項極大的貢獻。

擅長處理光線的林布蘭特，鮮活表現真實場景

而在這荷蘭畫派中，有兩位，我個人最喜歡的畫家，其一就是林布蘭特。他在肖像

畫、歷史畫、風俗畫、版畫，各個領域都取得非凡的成就，他也是十七世紀最著名的寫實主義大師。他繼承了文藝復興時期人文主義精神，並為未來的畫家開出了道路。

我們也可以看到當時的農民、商人、流浪漢這些在現實生活中，形形色色的人物，都是林布蘭特早年繪畫的主題。這也是他成為現實主義畫家的重要因素。

早年他也結識了當時一些著名的人文主義學者，他們很早就看出林布蘭特的天賦，預言他將是未來荷蘭最偉大的畫家。

一六三一年，為了藝術，他移居阿姆斯特丹，並接了醫生杜普的訂單，畫了著名的〈杜普醫生的解剖課〉，這使他一舉成名。林布蘭特這幅畫，打破了傳統這種畫的常規，是把人物站成一排，僵硬呆板的做出姿態。林布蘭特則將他做成有情節的場景來處理，使其中的人物各個都有自然的動態，相互間並有聯繫，而有了強烈的戲劇性。使人們似乎看見了一生動而真實的解剖課程。

這幅畫的成功，使林布蘭特聲名大振，訂單不斷，他也由此而向更為成熟的繪畫風格前進。而他畫中有一奇特的處理，就是「光線」的處理。照亮畫中所有人物的不是燈光，也不是日光，可是卻完美地凸顯出畫中的陰影和光影，使人物各個都具有戲劇性的生態展現。

一六四二年，他心愛的妻子去世，這對林布蘭特的打擊非常大，他不再參與上流社會的社交活動。他的畫風也有了改變，從絢爛走向樸素，這與當時荷蘭上流社會的審美有所不同，以致他的訂單越來越少，並陷入了債務的壓迫中。但他不以為意，這促使他選擇更深入人性的題材，而他對人的理解也更為深入，人物畫中開始展現人的心理活動以及心靈的表現。尤其在他的自畫像上，他用鬆動、豐富的，帶著細微毛刷的筆觸，使整個畫面在靜態中騷動，燃燒起來，而色彩的厚重與深沉，並戲劇性的處理光線的手法，如同今天舞台上明暗變化的透照燈一樣，將人物展現鮮活的內在生命世界。他更將人世間的親情，如父子、母女之愛注入宗教性繪畫中，更把憐憫、饒恕作為繪畫的主題。他著名的〈聖家族〉一畫，就把聖母畫成一個貧苦農家的農婦，而其家庭則是一個溫馨、充滿愛的農民家庭。

同年，當時荷蘭的大尉軍官佛・巴・科克為首的主要十六名軍官，各出一百盾，要林布蘭特給他們集體畫肖像。這就是那幅著名的大畫〈夜巡〉。林布蘭特在藝術上，有了更大的躍進。只是林布蘭特沒有依軍官們的要求，採用當時流行的盛裝肖像畫的方式，細緻地畫出每一個人的肖像，而是戲劇性地展現軍官們出巡在大尉一聲令下的一瞬間規律有力的行動表現。同時又有節奏地處理了這些軍官們各自的展現，凸顯出他們各自的特有性格。並且他又加入了一些細節，如有的在擦槍筒，有的舉起槍看著準星，表現出出發作戰前的緊張樣態，而其中又加入一些小孩在隊伍嬉戲，尤其有一小孩更在光線下被照耀出來。林布蘭特打破了荷蘭傳統中群像原本的呆板構圖，他層層疊出鮮活的真實人生中的一種場景，這真是歐洲藝術繪畫史上一件精彩不朽的偉大畫作。然而當時的軍官們不能接受這前衛的表現，尤其被置身在較暗光影下的軍官。他們拒絕接受這偉大的作品，並索回訂金，甚至立法想控訴林布蘭特，稱其違約欺詐。不過林布蘭特並未被擊退，他仍然堅持自己的創作信念，不去迎合資產階級雇主的需要，也絕不修改，或因此改變自己所開發出的藝術大道。

畫面構圖如抒情詩的維梅爾

此外，荷蘭當時還有一位畫家，名維梅爾（Johannes Vermeer, 1632-1675），年齡較林布蘭特小，他的繪畫被稱為抒情詩般的市民生活畫，也令人激賞。

維梅爾極具才華，是以在一六五三年，他二十一歲時，就正式成為地方上的畫師。他曾在林布蘭特最有才華的弟子法布里地烏斯那裡學畫，於當地的畫家公會，被選為會長，可惜他四十三歲就去世了，所以畫作很少。直到十九世紀中葉，藝術評論家重新發現他的藝術成就，直至二百年後他才有了在藝術史上的地位。

根據專家的鑑定，他只有三十四幅真跡。他的畫除了少數肖像畫、風景畫、宗教畫之外，多是市民日常生活的生活風俗畫。

維梅爾的畫面構圖非常單純、清晰、潔淨，色彩清亮、淨麗，極具寫實性。他將日常生活中的種種生活狀態都揀選置入畫中，構成一幅幅絕美，而又情意深長，如同抒情詩的情境。

我們看他的〈倒牛奶的女僕〉，在簡單樸素的廚房環境中，女僕塞起腹前的圍裙，牆上一小扇窗子，桌上凌亂地放置一些食物，牆上掛著竹籃、馬燈，但整個氣氛呈現得非常靜謐、永恆，讓人世間的美，就停駐在那小小的角落中。他的另一幅〈情書〉，畫面上主婦正悠閒地彈著琴，女僕進來，手上拿著一封信，兩人面對面地看著，從她們的眼神、表情中，可以約略猜到那是一封情書。然而一切都仍在深沉的安寧裡。另一幅〈讀信的女人〉也是一幅令人愛不釋手的畫。

有評論家說：「維梅爾雖是林布蘭特的再傳弟子，但他已淡去了林布蘭特繪畫中的戲劇性、強烈性和衝突性。他體現出當時荷蘭畫派的新主張：就是畫中人物形象清晰鮮明，畫面上光線柔和，呈現的生活環境潔淨，筆觸則俐落精緻，同時把黃、綠、紫三種顏色結合在一起，色調明亮、乾淨、純粹，維梅爾有時還好用一種鈷藍，使畫面安靜、澄清而鮮麗。顯出了維梅爾獨有的風格與情趣。」

維梅爾有一幅膾炙人口的畫，叫〈戴珍珠耳環的少女孩〉，他表現手法的細緻，顏色、色調的明亮、鮮麗又層次分明，真是驚人的畫作，以至最近把這畫發展出故事，並寫成劇本，拍成電影，試著去呈現這早逝的精彩而偉大的畫家。

擅長描繪光與燭火溫暖的拉圖爾

此外，十七世紀其實還有一位畫家，他是法國人，名拉圖爾（George de la Tour, 1593-1652），據說他曾是一位神父，他也是要到近二十世紀才又被發掘出來，成為繪畫史上的精彩畫家。

有人也稱他為「光」的藝術家，他總愛用一支燭光，通常安置在畫面的中間，柔和、通透的光，使周遭的事物、生活的環境照亮，就如同基督教聖經裡所說的「我是光，我是生命的道路」，依基督教的說法，上帝是光，因有這光，世界才能顯現。

然而這位神父畫家的畫，並沒有如同文藝復興時強烈的宗教氣味，但卻能平實地展現人世間的親情，如父女、朋友，甚至還透過光，穿透過人的皮膚、手掌，讓人手上的血管清晰、透明地呈現，將人真實的生命性，在光中永恆而柔和地呈現。

文藝復興，歐洲人開始用人的眼睛看世界，但十五、十六世紀，人們仍未脫開「神」的眷顧，到了十七世紀，雖然整個歐洲經過一百年的發展，人們已逐漸從世俗看世界，但真正開展出人間的藝術與傑作，並走向平民畫的是荷蘭的畫家，尤其以林布蘭特和維梅爾最具代表。

至於拉圖爾的作品，我震撼於他將「光」展現得如此清澈、透明，在柔和、溫暖的光照下，物件清晰、分明，沒有任何陰暗、衝突與紛擾，畫面一片和平，即使是對衰老、死亡，也都沒有任何的恐懼與不安，他似乎真正呈現了一位真實的信仰者，內心真實的寫照。

現代繪畫的開創性
——讀趙無極、常玉等畫作有感

＊趙無極的畫，似乎全然展現這一時代的現代性，一個新宇宙的來臨，也是人們在現代科學時代擴大重新認識的新宇宙、新時空觀的圖像與生命圖像。

東西方美學元素的交融

趙無極是中國人在西方繪畫世界最大的成就者，當時西方一些繪畫評論家，如此評論趙無極的畫：

「既有中國的內涵，也兼具法國的特色，趙無極成功地創造出一種令人愉快的綜合風。」

——夏納爾・多利亞

「趙無極熱衷表現若即若離，和直接攔截與震盪的情境，也追尋閒步中轉逸起伏與夢境的虛無縹緲……畫面中歡愉地閃動著令人陶醉的豐富符號。」

——亨利・米修

「趙無極的作品清晰，反映了中國人看宇宙的觀點；遙遠而又朦朧的畫境，反映了默念的精神，而非默念的具體事物。這種看法已成了最新銳，而又廣為全人類接受的看法。」

——亞蘭・儒佛音瓦

「趙無極的畫恆在對宇宙提出疑問，恆在努力重造宇宙，重建自然。

有些畫顯示太初的勃然之氣，能量摩盪，景物成形、成象前的翻騰；還有些畫顯示星雲的桀驁；或光的誕生，或水的生成；或在地球第一個清晨，或在物質動盪之外，但生命在隱約中隱現。」

——方斯華・賈可柏

這些是當時的西方藝評人，他們所看的趙無極，也說明趙無極在繪畫上的驚人特質，那是他的作品對新時代的反映。

趙無極去到巴黎時，正值西方已從其繪畫傳統走上變革之路。

美的思索

我們知道西方文化大傳統，是來自古希臘的自然哲學。古希臘的自然哲學，主要是對人以外的客觀宇宙的探究。古希臘哲人，不斷想從無垠的物質世界，尋找到物的本質，以確定什麼是物質，因此他們對物質構成的現象世界，設計出嚴格的規範及計量的方法，將隨時變化的世界確定在一定的範圍內。

「現象」是由視覺、聽覺的感官知覺，認識「物質」，確立「真實」的通道，因此古希臘在藝術的表現上，是將現象如實地再現、複製，並求其精確、完美，以便直達柏拉圖說的完美的理念世界。這世界是一切的根源，也是完美的天堂。

這種對透過視覺、聽覺認識現實世界的複製；經過中世紀的沉寂，到十五世紀在承繼古希臘自然哲學的自然科學的原則之下，呈現出前所未見的視覺意義上的美感和思想深度。

十六世紀，文藝復興，當時人們認為「美」是依照自然科學規則對自然所做的摹仿；美是有形世界由知識，由邏輯連貫統理出的感官現實。同時也是物象與自然的統一。其達成的方式即是用物理的透視法，精準地再現在自然、視覺中最美的狀況。這包括光與色彩、物質的輕重，真實立體性塊面的組合與呈現。

只是到了十九世紀，西方面對到更大的世界時，藝術家意識到他們原本所堅持的藝術空間與現實摹仿似乎只是一虛擬的世界，而真實的世界、自然的世界似乎只是在大氣中流蕩，自然陽光下的物質，不是古典主義、新古典主義下永恆的靜止的物體狀態。此外，還有人們主觀流動的情感。於是此後的西方藝術家，開始走出原有的藝術時空形式，並將世界其他新的元素納入自己的藝術及繪畫創作中。

線條之美

舉例言之，就如印象派的莫內，當他看到日本浮世繪以及中國畫，於是他放棄了原本西方塊狀空間的繪畫展現，而改為線條的表現。他膾炙人口的睡蓮，即是用線條勾勒，用油畫著色，以中國的寫意手法表達，畫中他更用中國的大寫意手法，畫芍藥、水草、睡蓮，這完全不同於西方自古以來的傳統畫法。甚至他更仿效中國式的長卷，以兩公尺高，長達十餘公尺的畫卷，將西方原本的視覺物理性定點透視取消，而創作出嶄新的西方藝術形式，而獲得廣大的成功。

而後的塞尚，也將中國傳統繪畫中的隨意性、寫意性成為他筆法的表現方式，使在嚴謹、結構性的用筆、用色中，展現抒情與放縱。他的畫重點不在於客觀真實地描摹對象，而是重在抒發畫家個人的感情與意趣。有藝術研究者認為，西方畫家從塞尚開始，從摹仿自然、描寫自然，展現客觀宇宙中自然最真實的狀態，一切都要如科學般的以客觀事物為「真實」的代表。不過從塞尚開始，他在繪畫中轉向以人內心的感情為主，繪畫、藝術的表現是以表現自我為主。這標榜出西方現代藝術之起點，塞尚成了西方現代藝術之父。

而梵谷在一八八五年購買了一些日本浮世繪的版畫，並學習摹畫三張浮世繪的作品，他從此改變了自己原本所沿襲的傳統西方畫法，而用長線、短線來表達，即使是面，也一如中國繪畫用線來勾出輪廓，他於是創作了大量以線為主的作品，並以此表達自己內在強烈主觀的感情。

西方現代主義的大師、野獸派的創始人馬蒂斯，也是在他開始學習日本浮世繪的作品，改用線條作為一切繪畫的造型，在他著名的五個裸女手拉手跳舞的作品〈舞蹈II〉，以及以〈音樂〉為名之作，五個裸體男孩，兩個在演奏樂器，都是用線勾勒，再平塗顏色。此後馬蒂斯的作品多用線條繪畫，顏色則以平塗為主，其中表現出中國式的隨意性、流動性、跳動性、大寫意性為主，甚至到了晚年，更以中國剪紙的藝術造型，作為自己創作的摹本，他自己總說：「我的創作靈感常來自東方藝術。」

而近代西方被視為藝術創作之神的畢卡索，也臨摹中國繪畫，然後將西方以面為主的繪畫改為線，而後他的畫主要都是用線來造型。他被公認為第一幅的立體主義的畫作〈亞維儂的少女〉，主要的畫法都是用線。而後他重要的畫作都是用線造型，可以說是用油畫畫中國式的西畫。他另一幅極有名的作品——〈格爾尼卡〉，也都是用細線造型。畢卡索學習用毛筆繪畫，他當年送給張大千的〈西班牙牧神像〉，也就是用中國毛筆，以圓潤的線條畫出來的。他甚至說：「中國人為什麼跑到巴黎來學藝術？世界上，談到藝術第一是中國的藝術，其次是日本的藝術，第三是非洲人的藝術，至於白人根本不懂藝術。」

而後杜象的〈下樓的裸體〉，也是用線條而不用面了。此後的西方畫家畫畫多用書法的形式去創作新式繪畫，如米羅、克利、康丁斯基。而後波洛克（Jackson Pollock）一九五〇年的〈薰衣草之霧〉，二〇一二年在美國大都會博物館展出，研究者認為這種抽象的表現主義，是受中國書法的影響。

而波洛克獨鍾明代祝允明的狂草，他以有如祝允明的狂草創作，做出這種表現主義的形式。

詮釋現代性的新世界——趙無極

趙無極到巴黎的時間，正是西方藝術家努力從傳統藝術繪畫的形式釋放出來而走向全面開展的時代。歐洲兩次世界大戰之後，歐洲審視自身的文化，尤其是藝術家們，他們的好奇心和興趣，以及他們所要尋找的，不是由物質材料構成的現代化工具所提供的方便，而是想要尋找到與現代化工具相對應的純粹精神，這時代有沒有一個與現代化物質文明相對應的現代化精神文明？而在現代社會中，人們似乎尋找不到在現代科學、哲學、政治、經濟，甚至現代文學上可以充分表現出現代化的部分，只有在藝術，特別是在繪畫、美術中的創作上，有了更突出、鮮明的現代派的發展。而這現代派可從塞尚、梵谷、高更脫離西方傳統的客觀的描繪，而強調主觀感受的傾向，使西方美術做了根本性的變化。加上新印象派的秀拉、席涅克的點彩技法，又擺脫了西方傳統，以至印象派對外光的依附，我們看到西方傳統以來在繪畫形式上的形體溶解。再加上現代太空科學開展，人們對宇宙的認識，也不再受傳統西方自然科學下有限時空的限制，並建立新時空觀及高速物體運動規律，人們意識到宇宙萬物的本質是運動，人類用肉眼直觀感受到的具象世界，只是客觀具象世界的一小部分。科學的進展大大擴大了藝術表現的領域，於是西方美術由具象而向抽象滑移。藝術家，特別是美術、繪畫，更自由地去尋找抽象表現形式，並藉此形式抒發自己內在的感情。

馬蒂斯曾經說過：「我們生來就具備一種對於同時代文明的感受性。我們並非我們作品的主宰，它乃是同時代文明加到我們身上的。」這也就是說任何一個時代的大畫家，他們的成就乃是對所處時代的文明的敏銳而獨特的感受。

而趙無極的作品早期如〈船〉、〈聖母院〉、〈靜物〉、〈龍〉，都還有具象性的抒寫，而後到了〈風〉、〈江河〉、〈向屈原致敬〉、〈追求〉、〈穿過表象〉，以至「繪畫」逐漸沒入抽象之中，似乎完全體現了西方在歐洲、巴黎所呈現的現代文明。

在他於「一九五九年四月十六日」的布面油畫、「一九五九年十月十三日」油畫、「一九五九年十二月十八日」布面油畫，他已展現出特有的抽象表現主義的畫風。而從「一九六四年一月二十四日」的布面油畫，以至到「一九七五年三月五日」的布面油畫，到「一九七六年十二月十五日」的三聯畫、「一九八〇年十一月二十四日」的三聯畫、「一九八二年八月二十七日」的三聯畫，以至到〈向莫內致敬〉，以及「一九九七年四月一日」的布面油畫、「一九九七年七月到十月」——「一九九八年一月」、「一九九八年七月二十七日」的〈火災〉為止，他都像將無垠的宇宙拉開了一道道的缺口，讓人們看到，並感同身受化入太初無形、無象，唯大氣的流盪與醞釀，又如地球剛逐漸凝聚成形，地球表面仍是溶化的液態岩漿奔騰、翻湧出飛熱的蒸氣與水氣。看他的畫如同置身在科學才剛發現的宇宙奧祕之中。

趙無極的畫，似乎全然展現這一時代的現代性，一個新宇宙的來臨，也是人們在現代科學時代擴大重新認識的新宇宙、新時空觀的圖像與生命圖像。趙無極的作品相較世界現代藝術家所創作的圖像，都來得更全面而完整。也因此終其一生，他都享譽世界，成為世界上一偉大的創作者。

從傳統的養分到現代的開創

趙無極何以能如此？綜觀趙無極的創作生涯，他除了天資聰穎、天賦異稟外，小時候在他父親的教導下，打下了真正傳統中國學問的根基。除了詩歌文學外，最重要在他真明白了《莊子》、《老子》、《周易》在宇宙論上哲學性、義理性的思維。

莊子書中說：

> 夫道有情有信，無為無形，可傳而不可受，可得而不可見；自本自根，未有天地，自古以固存；神鬼神帝，生天生地；在太極之先而不為高，在六極之下而不為深，先天地生而不為久，長於上古而不為老。狶韋氏得之，以挈天地；伏羲氏得之，以襲氣母；維鬥得之，終古不忒；日月得之，終古不息……

莊子這篇，是開天闢地的提出無限宇宙中的造化者，他超乎一切物質之上，不在人的認識範圍之內，人們必須打開自己的心眼，才能感受到、意識到他無形無象而又真實的存在。而這造化者是這無限宇宙的根源、宇宙中的一切發展，天地萬物間的一切創造與功能都來源於他，他是超乎一切存在的存在，是亙古常新的存在。是以在天地間最遠古、最遠古的締造者，在理解了這能量而創造出具體的天地。在最遠古、最遠古的另一個締造者體認了他，於是調和宇宙中的混沌的元氣而產生萬物；北斗七星得到這造化的能量，成為宇宙天體中的座標，永不出差錯。日月擁有了這造化的能量，永遠循環運行不息……

而這「造化」，在老子書中說：「道之為物，惟恍惟惚。惚兮恍兮，其中有象，恍兮惚兮，其中有物。窈兮冥兮，其中有精；其精甚真，其中有信。」

又說：「有物混成，先天地生。寂兮，寥兮，獨立而不改，周行而不殆，可以為天下母，吾不知其名，強字之曰『道』，強為之名曰『大』。」

這也就是說：宇宙天地的造化不是具體的存在，因它沒有任何物質性。它雖是一切具體物件的創造者，但它不帶有任何物質性。它似存在又不存在。它似有，而又根本是無。只是在這模模糊糊、恍恍惚惚之中，那造化性又真實地顯現如同有個東西、一切造化之能，就在生生化化的創造中，確確實實地在創造。

而這創造性無可分割，他就是混沌一氣，有如一個整體，只是他完全無形無象，空洞無邊，但他又周而復始地不創造，永不停息，永不改變，而成為天下一切存在與發展的根源。人們真是無以名之，因它超出人們的經驗之外，所以只好暫時稱它為「道」吧！或再補充說它是無限的無限吧！

這些觀點到了《周易》的〈繫辭傳〉，說：「夫乾，其靜也專，其動也直，是以大生焉。夫坤，其靜也翕，其動也闢是以廣生焉。」這是說宇宙天地中的一切創造乃是有陰陽二氣。「乾」是「陽氣」，「陽氣」是開發、發揚的創造、創生之氣，他是永恆不息的。這裡的「靜」，不是不動的靜，而是永不休止的運動。這永不休止的動，以「靜」、永恆的不變來表示，是來自老子。這乾陽的永恆不斷的發揚，開創極其剛強、永不被屈折，是以這無限的宇宙才不斷地在創造。至於「坤」呢？它是「陰」氣，「陰氣」永恆不止的運動，乃是不斷地凝聚，不斷地摶合成一個個的物。而凡物一定有形，有「形」一定與整體的大氣有了分別，所以它具體的運動是不斷地從大氣中分裂，所以坤陰的創造是不斷地在分裂中形成萬物，使萬物不斷地發展。

傳統中國讀書人真懂了《莊子》、《老子》、《周易》，其意識思維中，自然就會有這無限創造又無形無象的「道」的宇宙論。記得諾貝爾物理學獎得主楊振寧，去拜望錢穆先生時就提到，他小時固然讀傳統中國詩歌文學又熟讀《莊子》、《老子》、《周易》，其腦中常有無限宇宙的創造圖像，是以在研究抽象的高能物理學時，在數學演算之下，都能掌握到某些極其抽象無限的宇宙圖像。這種說法似乎在近代一些具有創造性世界級的大師中，都有類似的談話。如建築大師貝聿銘、音樂家周文中等，就連西方的一些大師也有類似的說法，如現代舞蹈家康寧漢（Merce Cunningham），就說他的舞蹈得之於《周易》中的偶然與變化。

當我們面對，或翻閱趙無極的畫作，我們所面對的宇宙和世界不就是這無限宇宙發出最恢宏的創造之歌嗎？不也就是地球剛開始形成的澎湃洶湧的大氣和火紅熾熱的漿流嗎？而這一切不就也是今天西方人，以至全世界所面對的現代性的宇宙嗎？

傳統中國的畫家在這種宇宙觀、時空觀的薰習下，在藝術、美術繪畫的創造中，無不就這宇宙的神韻為創造的真實。魏晉南北朝大畫家顧愷之要求「超乎形體，以形寫神」。而差不多同時的大畫家，也是美學思想家宗炳提出創作者當「含道瑛物」，或者

「澄懷味象」，求宇宙天地的「微旨」於「現象」之外，並「融神思」於峰岫嶢嶷，雲林森眇的萬趣之中，並說繪畫的創作就是「暢神」而已。

是以傳統中國的藝術，所求即在「空靈」、「無限」，沒有「重量」，不受「形體的限制」、「美的追求」。而繪畫的創作則在追求自我內在對「道」、對「整體宇宙」、「變化無端」的體會，對人超離生死、欲望後感受到生之喜樂的體會，繪畫就是這種自身心境體現的表達。而一切「有形」、「無形」、「具象」、「抽象」的表達都集中在這「心境意象」上。所以唐人張璪論畫說：「外師造化，中得心源」。而南齊畫家、畫論家謝赫提出圖繪有六法：一是氣韻生動，二是骨法用筆，三是應物象形，四是隨類賦彩，五是經營位置，六是傳移模寫。而其中最重要的是「氣韻生動」，這成了在中國傳統藝術、繪畫的核心。不如此，藝術與繪畫就失去生命性、靈動性以及無限宇宙的創造性。如此，則藝術與繪畫將是僵化甚至死亡的。

而在中國有清一朝，為達成有清一朝部族性的統治，從康熙、雍正、乾隆以來，逐漸禁止創新，一切以清靜、無所作為為主。是以清代藝術及繪畫的創作都以模仿古人為主，沒有大的開創。清末，民初，西方文化凌空而下，傳統文化摧枯拉朽地崩塌，人們都以為摹仿西方，或一切全盤西化最好，如此方是民族自救之道。在繪畫上，也當學習西方的古典寫實，將時空拘束住，用定點透視，展現物體的立體性，一切現象的現實性。所有物件的「物質性」為主。換言之，要把傳統中國美學上所追求精神性上的「空靈」、「飄逸」、「和諧」、「無限」取消。由此我們看到近代畫家徐悲鴻提倡的「寫實性」，李可染在山水畫中表現的「崇高」與「厚重」。

然而趙無極到了巴黎，在理解西方現代性的尋求時，借著克利帶著中國情味的表達，立刻開展出原本傳統中國「空靈」與「無限」，全面進入西方當代的抽象表現中去，而後再以《莊子》、《老子》，《周易》中無限宇宙的創造動能，配合現代科學所得的太空圖像，化為今天膾炙人口，又令人咋舌、目瞪眩迷、流連忘返的抽象繪畫藝術，成為當今最具現代性的繪畫作品。

浪漫本質的體制外畫家——常玉

而有趣的是，另一位中國留法畫家——常玉，他比趙無極早二十六年去巴黎留學，也就是在一九二一年。那時巴黎已是引領新藝術潮流的世界中心，無數滿懷藝術理想和遠大抱負的年輕人從世界各地來到巴黎。他們在那裡求學、奮鬥，許多藝術史上開宗立派的人物，如畢卡索、蒙德里安、米羅、達利等等在這裡創作，求開展，還有眾多的年輕藝術家在這裡努力著，他們在新時代的引領下，不斷探索藝術的「真實」是什麼？如何從藝術的表現上展現新時代的精神？因此各種各樣的嘗試、試驗在這裡都可以表現，是以人們都稱這是巴黎畫派。

「巴黎畫派」這名稱不是針對某種藝術風格而有的稱謂。它只是在這裡，特指歐洲兩次世界大戰之間的那段時期，一群客居巴黎的外來藝術家，共同表現出來的各種新嘗試下的藝術成就。而這些人來自不同國家，但在本質上帶有豐富的浪漫色彩，他們把繪畫當作是表達自我內心，而不是解釋外在世界的工具。

常玉所到時，正是「巴黎畫派」最蓬勃發展的時候，在一九三四年法國出版的《當代藝術家生平字典》裡記載，常玉在當時曾經以水墨作速寫，還有於當時的法國秋季沙龍舉辦油畫展，並為法文本的陶潛詩作插圖。這在當時對一個卅歲出頭的年輕中國畫家是一大殊榮。

常玉年輕時也隨其父及四川大學者也是大畫家，學書法及畫畫。他家道殷實，大哥在四川南充經營紡織非常成功。二哥在日本經營牙刷公司，也非常成功，他們都支援常玉遊學國外。

常玉在一九二〇年到一九三五年間，因兄長支持，生活優渥，加上他的天賦，常玉卅年代的素描及油畫是被巴黎藝術界賞識的。畫家席德進曾說一個他聽來的故事：「常玉早年在巴黎，幾乎成了名。當時有一位畫商想捧他，並付了畫錢，準備為他開畫展，結果到了時間，畫商來拿畫，常玉交不出來，而錢又被常玉花光了；於是畫商一怒，去捧了日本畫家藤田嗣治，結果藤田嗣治享了大名，而常玉就此失去了機會。」

而常玉一生「任性」又「淡泊名利」，許多人認為這是他藝術生涯的致命傷。他在巴黎的法國友人說：「他為人隨和，但總不脫巴黎畫派的那股波希米亞的氣息。」

可能是因為這份「波希米亞的氣息」，也可能是常玉的任性與淡泊名利，常玉到巴黎，並沒有進什麼正式的學校，而是進了私立「大茅屋學堂」，在學院體制之外，自由自在地學畫，並充分享受那個時代巴黎畫派所呈現的自由性，而後的趙無極，也進了「大茅屋學堂」，沒有進一般體制內的學院。也由於此，我們今天才看得見「趙無極的無限的創作能量」，以及常玉極具個人風格的繪畫作品。

在我看來，常玉的作品，也是東西藝術自然融合的精彩表現。

「空間」意識

常玉的畫，最引人注意的是他的畫面，不論是裸女，還是靜物，還是風景與動物，都留有極大的空間，這種「空間」，其實是傳統中國繪畫上特有的空間表現。而這來自中國傳統的時空意識、宇宙意識。

如老子書一開始說：「道可道，非常道，名可名，非常名。無，名天地之始；有，名萬物之母……兩者同出而異名，同謂之玄，玄之又玄，眾妙之門。」這是說，我們用一般言語名詞，無法真正表達出那永恆而又完整的宇宙真相與真理。這是因人類語言文字有其局限，並具分割性。我們看所有人們所使用的名言概念，都是表達客觀世界中的某一部分而已。何況這宇宙世界的構成，有分兩部分，一部分是具體的存在部分，另一部分是一切尚未形成前的部分，或說是無的部分。但人們都只注意「有」、「具體存在」的部分，總忽略「無的部分」，如此名言概念自然有其局限。其實這兩者都是構成宇宙的部分。就因為天地萬物，從無到有，又從有到無，因此成為一個完整的「道」，完整的宇宙。這觀念在《周易》〈繫辭傳〉也說：「一陰一陽之謂道」、「陰陽不測之謂神」。此外，莊子展現了遼闊無垠的時空，並從天空俯看大地，這種空間觀展現在常玉的繪畫中，成為他基本的空間觀——繪畫空間形式。

再者，《淮南子》所說的：「有生於無，實出於虛。」這種空間觀，在繪畫的表面上，「有」的部分是展現「無」，而「無」的部分也是要展現出「有」的存在。如此「有無」、「虛實」、「陰陽」間的互動，畫面才顯得既簡約又飽滿。在空間表現之外，同時常玉還是以毛筆書寫出繪畫的輪廓，用線條抒寫出舒緩抒情的慵懶，這是他對女性美的發現。在他的〈紅毯雙美〉與〈金毯上的四裸女〉，都是用既平淡又飽滿的色調平塗畫面，而後用寫意性的線條拉出極其隨意自在又柔軟的身體，再加毯上的金線紋與長壽紋，及半個臉上的眼睛、鼻子、嘴，所呈現的點，再加上肚臍眼，和胸部的乳頭，全圖由點線面呈現出豐富的視覺躍動性，使整張圖畫既空靈又豐富。

裸女圖像中的空白及特殊的視角，使得女性特有的豐腴，更顯誇張的展現，也似乎清楚地傳達出他對女性的愛戀。只是女性雖有豐腴誘人的豐臀和大腿，但都不著墨臉部，不知是否常玉不想再走入愛中，受愛的制約。

至於常玉的靜物，他的花卉同樣的靜雅閒適，在各種不同的單色顏色中，使花卉凸顯而出，在空闊無限的空間中，展露出昂然的生命力，並且常玉使用傳統的通透法，讓花鮮活地在大氣之中搖曳生姿、氣韻生動起來。

常玉的〈瓶花〉，或種在盆裡的花卉，如〈白蓮〉、〈白菊〉，或棕色的〈盆與花〉，或〈盆菊〉，或〈白底盆菊〉、〈紅色背景的百合花〉，都如同莊子在〈逍遙遊〉中形容的藐姑射山上的神人——肌膚若冰雪、綽約若處子，亭亭玉立地昂首天外，這似乎看到常玉因嚮往自由而來的傲氣。

至於他的靜物，空間展現得更大，也似乎是從高空俯看大地，這是常玉繪畫的視角點。尤其是在〈白象〉、〈孤獨的象〉、〈獵鷹〉、〈沙洲翱翔〉、〈荒漠中的豹〉、〈水牛〉、〈馬〉、〈原野之馬〉、〈豹棲巨木〉、〈繪畫〉、〈鷹與蛇〉中，所有生物都如此渺小，他似乎了透在這無限空漠的宇宙中生命的渺小與偶然，但卻又因生命而展露出無限天機。宇宙天地間的神祕卻在此偶然中，是以他有好些畫作的顏色，充滿了玄祕性，如〈長頸鹿〉、〈鷹與蛇〉，如〈斑馬〉，如〈新月〉，如〈繪畫〉，如〈夜景〉。常玉也好畫魚，這又使人想起莊子的「觀魚之樂」。同時，他好畫蓮，如〈荷花、紅魚〉、〈荷花〉，也寫竹，不論是什麼畫作，都一定是安置在極其空闊的空間中，這可見他性情的雅潔與高古，即使在畫作中裸女代表他的性與愛；花卉代表他的蒼涼而美麗的夢；風景與動物代表他對宇宙生命的了悟，但也是他繪畫藝術展現他的宇宙的生命情景，從他的繪畫中看到了他這個人。

常玉畫面總在「遼闊的空間」、「虛實」、「有無」的對比中，玄祕的色彩既平淡又深邃。常玉將莊子遼闊的空間性，和老子「有無相生」、「虛實相應」的宇宙觀，融為自身繪畫審美元素，他又接受西方的現代繪畫的強烈自我表現方式，創作出自己獨有的畫風，旗幟鮮明。人們只要一看，印象鮮明而不忘，即使死後，人們還牢記在心，喜愛不已。

以東方元素再創造

中國近代繪畫，多半隨西方繪畫而行，而趙無極與常玉，則是將傳統中國繪畫元素融入西方繪畫中，開展自己特有的畫風，並達到世界藝術最高的成就。尤其是趙無極的創作，更成了這一世紀用繪畫表明現代性的最佳繪畫作品。

趙無極、常玉他們到了法國，並沒有迷失在西方古典寫實的傳統繪畫之中。他們在中國所受到傳統中國藝術與人文教育，熟悉於中國繪畫的語彙，他們將此語彙進一步開展出自己獨有的畫風。

中國近代，能將此傳統美學化入西方美學之中，成為其藝術審美的要素，並擴大西方審美認知、獲得世界藝術成就的還有許多人，如當代的電影導演李安、台灣的現代舞蹈家林懷民、美國的華裔建築師林櫻。他們得獎的理由，都是將東方的審美元素加入了西方的審美元素中，擴大豐富了西方藝術並給予創造上的更大可能。

此外，白先勇帶領的團隊製作青春版《牡丹亭》，則是從原本傳統美學上再反省、再深入的探索，製作而成，其在世界巡演近三百場，場場轟動。由此可見，凡能在傳統上真有所見，必能走向劃時代的創作。

卷二

藝術思想的傳承

中國先秦思想對美學的影響

＊中國學術思想乃以人、以人的生命與情意為研究的對象，其間美學與哲學的相通性更是密切而不可輕易割裂。我們或說它是中國學術中的一體之兩面。

近來閱讀一些中國學者談美學的著作，因而也引起我有關這方面的思考。美學原本是哲學中的一部分。這是西方學術傳統中一種隸屬與分類關係，在中國學術思想是否也能從這個角度加以觀察與認識呢？答案是肯定的。中國美學也含藏在中國傳統學術思想與哲學中。因而我就根據中國學術思想的發展與中國哲學的特質，試著來說明它們對中國美學的影響。

依中國思想學術的發展，孔子是中國學術的創始人。

中國哲學的第一命題

孔子提出「仁」字以界定人之所以為人這一概念，一如古希臘哲學家泰利斯提出「宇宙的根源是水」這一成為西方哲學、學術根源及方向的第一命題，不只決定西方學術向客觀世界探查，並以「物」為真理主體等的特殊性格。而孔子則以「仁者愛人」、「仁者人也」為中國哲學上第一命題，也為中國學術提出了最主要的課題。即是以人，以仁為真理的主體；以人所開出的生命世界為學術探討的對象。

而「仁」從二人。二人即有溝通的意思，一個以人為主體的世界，人與人之間的關係，其特質即在相互的需要，反應與依存。我們稱之為「愛」或「愛人」。人類似乎沒有不需要愛而可以生存的。換言之，人雖是生物、動物，在生存的發展中也得追逐本能和欲望，要求生存中的舒適或喜悅，以此求得生命的延續與發展。但人畢竟不同於動物，其不同在人能自覺於此需要，並主動選擇自己的需要。是以人的愛不是單方向的愛，而是得在雙方的反應中，協調一致，達到和諧的狀態，因而人類的愛具備一種雙向交流的特性。孔子的「仁者愛人」，「仁者人也」實也具備三層意義：

一、人並非如古希臘哲學家亞里斯多德所說：「人是理智的動物」，而是「感情的動物」。因人最大的特質在「愛」。

二、只是此情感與愛和動物不同，其具備一種自覺性。即人能反省，能自我意識。

三、在此自我意識的前提下，人的愛與情感重要在一種雙向的交流。也唯有在此雙向的交流下，才能溝通你我，打破孤立與主客體的隔閡，相互融而為一，達成一種均衡與和諧的狀態。因而「仁」有融通和合之意。這是人「最適當的愛」，這就是孔子「仁」的涵義。換言之，「仁」有「愛意」、有「覺意」，有「最適當的愛意」。而這是人的特質。人在自身生命內在情意的需要下，經自覺的過程，最後獲得心靈、精神及生命的和諧，這時即進入「仁」的世界。從個體到群體，從群體到個體，雙向交流，相互溝通。孔子也以「仁」來談美、談藝術。他說：「人而不仁，如禮何？人而不仁，如樂何？」

禮樂在中國從西周到春秋，雖是一種政治活動，也是一種藝術活動。禮基本包含各種儀式。而自古儀式主要即在貫通人們的情感，並引導人們的情感，使情感從盲目、原始走向一種秩序，融溶而達於和諧。今天我們看台灣原住民所保有的各種祭典，仍可親

宋・范寬　谿山行旅圖
（台北故宮博物院藏）
傳統繪畫中的崇高壯闊，也以空靈的形式呈現。

切感受到這番來自人類內心的溫情，因之人若失去這份溫情，禮的意義何在？而音樂更是直接表達人的感情。書經「詩言志，歌詠言」，詩歌雖略有不同，但卻是表達人內在最大的嚮往和熱情。而人要沒有了這份感情，音樂的意義何在？

中國的禮樂成於西周，大行於春秋。讀一部《左傳》，即可感受到，社會因禮樂而興起的一種風情，一種美，一種人生的藝術。今天人們好說那是藝術的政治化、倫理化，是藝術尚未自覺、獨立的表徵。其實換一個角度，亦不離開事實，那又何嘗不是政治、倫理、社會的情感化、藝術化。是以，孔子又說：「詩三百，一言以蔽之，思無邪！」

直—無邪之美

什麼是邪？邪就是不直。無邪就是直，「直」是什麼？就是指人來自內在那份深沉的情意。《詩經》三百零五篇，其中有正有變，在國風中多是男女之情，其情有正面的肯定，如關睢、如桃之夭夭。但也有氓、有柏舟、遭人離棄者。而雅有大小，其著重在群體政治的活動，但其中有贊誦，有怨責，還有頌揚祖宗的歌詠。其一切都是真實的傳達了人們內在最深沉的情意，表達了人們內在對生命最深沉的嚮往。此就是「直」，就是「思無邪」。當然，人不能止於情感，是以孔子又說舜的韶樂「盡美矣，又盡善也！」而周武王的武樂則是「盡美矣，未盡善也」。虞舜的韶樂和武王的武樂，其共同點都在美上。而不同者則一個已盡善，一個未盡善。

今人常說古人美善不分，證諸荷馬史詩確是事實。觀之《論語》也有同例：「里仁為美」，「君子成人之美」，「君子有五美：惠而不費，勞而不怨，欲而不貪，泰而不驕，威而不猛」。我們若把這「美」字換上「善」字，其意似也可通。不過觀諸整部《論語》，其用字遣辭，似乎都非常精確而謹慎，此三處用美的意長，還是用善的意長？是可仔細推敲玩味的。更何況「盡美矣，又盡善也」、「盡美矣，未盡善也」其美善兩概念性意義非常明確，絕不含混。雖然，在中國美與善是有相通性，至少在字形結構上都從羊。只是前者以羊大為美，似乎偏重形式。後者從羊從言，似乎略重思想。而「盡美盡善」這一命題中，孔子其實進而標舉出更高層次的美。即是美善兼盡的美，才是真正的美，理想的美。換言之，有仁之美才是真正的美。善是在仁之前提下才能成立的。因「仁」在孔子學說中已是一切生命的中心，是學術、哲學、人生之大本。此後中國一切學術、事理都從此出發，成為中國思想、學術、文化的大河。

孟子繼承了孔子的思想，說：「可欲之謂善，有諸己之謂信，充實之謂美；充實而有光輝之謂大，大而化之之謂聖，聖而不可知之之謂神。」我們都知道孟子倡性善，而孟子的善從何處始？此處簡單地說，始於生命本能的滿足。因為凡生命之存在，無一不是從生命基本的滿足開始，故說「可欲之謂善」。唯人的生命形態與發展已不同於動物，一如前面所說，人能意識自己，能自覺。而從這意識與自覺中逐步建立自我，這是「有諸己」。到此時屬於人的生命才真正的開始。此之謂信。「信」有真實不虛之意。其中包含了人的反省、回顧，與認識力。是以孟子在別章用「仁之四端」來進一步說明性善。

充實之謂美

人類有了認識力，有了此生命之實體，還得充實它，才能達到美的境地。「充實」用今天的話來說，當是從多元化的角度，瞭解生活，認識生命，發展知識，增強理性，以此豐富我們的經驗、心靈和認識力，深入事物的本質，以達於真實。而這樣才是美。美在孟子也不單是訴諸感官而已。而有了前述的充實，進而形諸於外，超越個體經驗，突破個人諸種限制，凡在日常感受、理智思維等不足表達處，都能有所表達，此即是「大」。此「大」是在美的基礎上，是美的發展。質言之，藝術、美感不能只停留在一種經驗或僵化的形式上，而當帶我們進入更大的空間，甚至走進創造的世界。人類舉凡一切創作，常給人生命的最大喜悅與進展，我們從藝術的廣義角度看，這都是藝術，美的創作。是以我們可以說科學是美，一切物質文明的建設，亦可以成為美，成為藝術活動。而這也是大，大有無所不包之意。而當大到化通一切差異，進入一大同世界，此即是聖，聖有「通」之義，聖人也可謂為「通人」。當人們通於大體，使人世間無隔閡，無成見，人們皆可以自由的心靈相交往，以類通萬物之情，甚而到不可知之地步，這就是神了。神就是不可知之之意。

莊子在〈逍遙遊〉中就是發揮此「神」意。這是人類精神的最高表現，也是人逐步脫去來自：（一）個體生命——生死的限制。（二）本能情感或一般心理的直接反應。（三）理智、思維、知識的箝制。（四）現實環境裡的種種條件。由去除上述幾項而獲得的大解放。故而他又提出「忘我」、「忘物」，甚至「忘適」，忘去因「忘我」、「忘物」而來的舒適與喜悅，達到內心毫無牽掛，毫無期待，毫無沾滯的清明世界。如此才能還物我本來面目，自由的出入於一渾然的天地世界。所謂「乘天地之正，而御六氣之變，以遊無窮者」。這就是神遊，是神人之所至的地步。簡單的說，人的精神到了這一地步，即與天地萬事萬物相融通，其中泯除了對立，衝突與矛盾，而達於主客體的融溶與和諧。

西方心理學也說，這份渴望與人與物合而一體的情感是人所特有。當人失去這份融溶與和諧時，即會感到孤獨，疏離，造成精神上的焦慮與痛苦。今天西方許多藝術直接反映這種不安與掙扎，也就是直接反映了現代西方人的內心世界。

莊子的學說並不否定人的感官世界，其實中國的學說大多不去否定人的感官經驗與物質世界的真實性和影響性，只是他們在感官經驗與物質世界的基礎上，提出人的精神的可能性或闡述精神上最大的可能性，乃因他們認為，根據這特性，這才是人。這也就是孔子「仁」字意義的擴大與發展了。

魏晉南北朝可說是中國美學的建立時代。他們當時從人到物，從感情到外在環境，莫不以莊子的精神與學說為標榜。唯在此標榜中仍遙指於孔子的「仁」。仁已成為中國根深柢固的美感經驗了。

中和融通，神韻流傳

中國學術思想隨著時代的腳步，由孔子開始，歷經墨子、楊朱到孟子，再經莊子到老子。老子具體的提出自然的規律性、一致性、整體性、流動性，說這是「道」。他從「無」看「有」，從「非存在」看「存在」，從自然看人生，比莊子更明確的打開了中國人的新天地，使中國人看到有無的對立與統一，自然與人文的矛盾和一致，靜與動原來是渾然一體。而這就是「道」的融通，實美其實也是一「大和」。是以《中庸》更正面的提出「和」這一概念。

《中庸》說：「天命之謂性，率性之謂道，修道之謂教」。先將自然與人文做一結合，而講一切萬事萬物包含人，都有它不可違抗的自然部分，這也是生命必然遵循的道路。只是人能從此被動，受支配的命定限制中，透過人的智慧，加以調整，進而求得人類自身生命的自主性。這就是教，是修道，是人文教化的所在。

莊老面對長期儒、墨等以人事為主的思想發展，從人事走向自然，要求回歸自然，或以自然的規律指導人事。而《中庸》則將二者調和，並具體的點出自然中加入人文才會更好。

《中庸》接著又說：「喜怒哀樂之未發謂之中。發而皆中節謂之和。中也者天下之大本也。和也者天下之達道也。致中和，天地位焉，萬物育焉。」《中庸》直接以人的情感——喜怒哀樂為人的天性，為人自然生命之道，含藏於人內在生命之深處，謂之「中」。唯人當使此喜怒哀樂之情，達於恰到好處的地步，此叫「中節」也叫「和」節，中國人取象於竹子。因竹子的成長有其階段性，而每一階段又具備雙重功能。一是上一階段的結束，一是下一階段的開始。而就在此節上似乎孕育了豐富的生機，生命有了更高的發展。人當憑著人所特有的覺性，將內在深沉的生命情意處理到恰到好處，使人的生命有如竹子般地步步升高，達於一完整的生命體系。這是中國人的生命觀，也是中國人的和諧觀，是孔子「仁」字的再發展。

配合了天命自然之所在——中，也是宇宙構成之根源，人們運用了智慧，求得自身以至宇宙的根本和諧，使天地各安其位，萬物在宇宙均衡和諧的秩序下繁榮滋長，生生不息。這就是「致中和」了。今天西方的現代科學，諸如物理，化學，生物，生態，似乎更能詳細闡釋中庸的此番道理。而二千多年前的中國人，憑著當時之觀察與經驗提出如此的看法，以「中和」為宇宙生命的本體，呼籲人類當以「致中和」為本務。不得不有由衷的佩服。而此下中國的學術與藝術似乎也致力於「中和」的探討與發揚。是以在中國藝術中似乎沒有以惡，以悲苦，以絕望為主題的。而魏晉南北朝在藝術的規範中提出形神論，以形寫神。此「神」即指人在喜怒哀樂中最具生命特性的那一點。書聖顧愷之畫畫最重點睛，他認為眼睛乃人傳神之處。他的洛神賦圖卷最動人心弦，莫過於曹子健與宓妃相互凝視的眼神上。而此神，也就是那千古不移之情了。此外，又有所謂氣韻生動，更具體的彰顯出宇宙生命的流轉，此即中和之氣，亦是中和之道。

晉・顧愷之・洛神圖
（台北故宮博物院藏）
空靈與無限是中國美學範疇中最重要的表現。

中國藝術的空間美

中國藝術也因這些來自先秦從孔子、孟子、莊子、老子以至《中庸》所賦予「美」的意義，而建立藝術上的中國獨特的風格與形式。而當孔子以「仁」說明人的情意、覺

五代・丹楓呦鹿　軸
（台北故宮博物院藏）
作品展現中國藝術通透的空間意識。

意及雙向交流的活動，其中已暗藏一內在的空間性。因唯在此空間下才能容人、容物、容天下而有交流的可能。同時也在此通透的空間下，人的情意才能充分表達。因此中國藝術也具有了此特有的空間性。一如在繪畫上有所謂的留白和虛實相應，使整張有限的畫面上都呈現無盡而整體的天地。即使如北宋時期的畫家，他們的畫通常是全面的布局為主，其中山水的層次與遠近也留有氣韻流盪的天地。而書法雖僅是線條的變化，但就在這變化中不只表現出生命的律動，也呈現出一完整圓融具有生機的空間。而戲劇，從舞台、演員到表演動作，既寫實又空靈，既具體又抽象，給人充分想像的餘地。而音樂、歌唱、舞蹈也在有聲無聲、高音低音、動與靜、剛與柔中曲折迴轉，使情感表達既含蓄又盡情，並使觀者、聽者低迴玩味不已。至於建築、園林在空間的處理上，更是明確具體。這空間性使所有原本在外的觀賞者都有參與的可能，其消除了人與物的對立，也化解了主客體的對立，使作品與觀賞者渾然成為一體。此空間性的特性可溯源至孔子「仁」字的意義。談中國美學若不從此處入手，怕是不能取得明珠而還。更何況藝術通常是人思想的形象表達，而思想往往為藝術形象的內在指導。是以在人類文化的活動中，思想與藝術可以相互滲透，交互影響，而後將每一時代的特殊風貌，透過作品具體的呈現出來，成為每一時代，每一民族的最明顯的見證。

中國學術思想乃以人、以人的生命與情意為研究的對象，其間美學與哲學的相通性更是密切而不可輕易割裂。我們或說它是中國學術中的一體之兩面。當我們透過智慧以行動將人的愛或內在的生命情意，做了最適當的處理，我們說這是善。而若從均衡和諧的這份狀態和情意上看，我們說這是「美」。「里仁為美」、「君子有成人之美」、「君子有五美」都是從情意中論。如此才更真實而深入的表現出人因內在的這份深沉情意所帶出的風致與美。

「善」與「美」是中國文化的重要支柱，以往中國人認為先得有「善」與「美」才具有「真」的可能。是以我們說中國文化乃一藝術的文化，中國學術也具有一種藝術性，誠不可動搖之論。

人性的覺醒——中國美學思想的初建

＊春秋以至戰國是中國人性全面紓解的時代，也是中國以「人」的心靈意識為「美學」中心建立的時代，中國往後的文化奠基於此，而此時期，一切藝術品皆為此一偉大時代的見證。

春秋戰國是繼承西周而來的時代，西周在政治上創建了封建制度，在社會上建立了宗法制度，在文化上建立了禮樂教化，換言之他們以禮樂教化將政治、社會、展現出藝術性，帶動了人內心的情感，提升人性的品質。

其後王綱解紐，周天子名存實亡。諸侯國擺脫了周天子的影響力，相互間平衡的發展起來，於是天下、社會展現新的活力。

首先，原本是維護宗法社會，封建制度的禮樂失去了神聖性，而完全展現出他的藝術性。這藝術性從貴族落入整個社會之中，使整個社會不論上下階層都表現出一種「美」的風情。

王綱解紐，民間活潑的藝術生命躍動而現

我們可以從商周時代具有威嚇性或倫理、政治性的青銅器，變成只是各諸侯國宴請賓客時，華美的餐飲具這點來觀察。這其中，器物雖具實用性也用於祭禮，但在達到生活的享樂之用，餐具中「美」的素質增加了。尤其在較邊遠的非中原性國家，這種具有「美」的藝術性更明顯的呈現。

而也就在這種「美」的要求下，人類情感以及自我的意識開始真正的萌芽。西周初年，封建、禮樂制度的創立，我們可說這時開始有人的意識。但到了春秋，從政治的紓解，到美的生活化的展現，「人」成為藝術的主體與課題。

我們可以看到在春秋戰國的器物中，人物造型增多。同時透過人物造型如以人支撐各種抬座，或以人為燈座的各種形態，表現出人的主動力量，「人」正式的登上了這宇

宙世界的舞台。

尤其當時喜用人來做掌燈的檯座，其中似乎在象徵「人」為這世界帶來光明。這與西方總是由「神」為人類帶來天火是不同的。同時人物的造型，也並不如西方希臘、羅馬的雕像，他只是平實的表現人在「生活」中單純的個體與力量。

春秋、戰國在人「自我意識」的覺醒中，認識了「人」生命的多樣性、變化性、生活性，因而展現在器物上，也以此生活表現，作為藝術的表現素材與方式，並成為美的基礎。而這也就形成中國美學的中心了。

甦醒的人文意識，替代了宇宙神祕的力量

同時，冶金術的進步，我們也看到當時的藝術家在鑄造器物，將動物身體作種種的扭曲，藉以展現出生命力。他們似乎從人的自我意識中，感受到這宇宙中最巨大的力量是生命的本身。

而生命本身中最動人的質素，是人以及一切動物內在的情感。我們看到以動物如犀

商後期・司方尊（台北故宮博物院藏）
商朝以青銅器作為祭器，造型展現宇宙的力量。

西周早期・雍𫜡　皿卣
（台北故宮博物院藏）
西周將青銅器轉化為禮器，代表人文精神，呈現莊重、肅穆。

牛、河馬為造型的青銅器，其中呈現的不是早期代表宇宙中神祕力量的威猛，而是充滿人性情感的表情。特別是眼睛傳神的手法，讓觀賞者似乎可與之對話。此外，中國藝術也展現鮮活的生命力，比如在這兩幅鳥與青蛙的青銅器圖片中，可看到鳥展翅飛翔的躍動姿態，與青蛙撲通跳水的情致，格外生動。

這些作品成功的表現出當時人們細緻的觀察力，同時也展露出驚人的寫實手法。只是中國的寫實性，固然一如西方，必須合乎自然的生理結構，但更重要的，是如何藉此傳達出蘊藏在內的情韻。中國稱之為「神」。

老莊思想使「有無」、「虛實」的空間感，呈現於藝術造型中

當然，生命的彰顯，不只在表情上，還表現宇宙的

戰國中晚期・攫蛇銅鷹
（安徽博物館藏）

動物造型的青銅馬飾，栩栩如生，抓住生命躍動的特寫。
（作者提供）

空間中。特別是在莊子及老子的思想提出後，器物與空間關係成為藝匠們在鑄造器物時必須考慮的因素。

如這張長頸獸之作，那渾圓的臀部，圓厚的前胸，除了表現其自身的生命力。那伸長挺直的頸子，及頭上翹起的雙角，似乎將「有限」帶入「無限」之中。是以當我們再看到這隻飛鳥和造型，它已不再是商周早期穩如泰山的靜止狀態，而是隨時會展翅高飛的姿勢。而這表現的重點，不只在鳥的動勢，還包括可高飛的無形的天空。

戰國青銅器・鹿角立鶴鎮墓獸（荊州博物館藏）（作者提供）

這「有」與「無」的結合，是中國從生命意識中對存在空間的覺醒。此後，我們可以看到任何藝術的造型都存有這種「虛實」、「有無」相應的設計。譬如這座青銅器油燈燈座（見頁八十八），以一棵桃樹為主，樹下有人在指揮一群猴子在樹上摘桃子。作品營造多重宇宙的空間，中間的主幹為地到天的通天樹，也是天梯。而人的覺醒促成人們馴服自然，使自然人文化，這也是人類文明的開始，是人與天地合一的象徵。這種空間造型的設計，真是美麗絕倫，將中國藝術藉有形事物，展現無形空間的空靈性，表露無遺。

藝術品展現心靈的解放

然而，不只在青銅器，南方的漆器亦然，如這隻伏坐的鹿之作品，其誇張拉長的雙角，在有韻律的彎曲中伸向無極的天空。

漆器不只是木器雕刻，也是繪畫的表現，或說漆器是具有豐富繪畫性的綜合藝術。在漆器裝飾性的圖案上，我們發現原本在商周青銅器上，代表宇宙中具有超自然神祕力量的雲雷紋、已化為飄逸流動的雲氣紋。這不僅是人們藉以表達對宇宙的認識，說明大氣乃天地萬物存在的根本，同時也表現人們在此認識中所獲得心靈的解放與自由的可能。

春秋以至戰國是中國人性全面紓解的時代，也是中國以「人」的心靈意識為「美學」中心建立的時代，中國往後的文化奠基於此，而此時期，一切藝術品皆為此一偉大時代的見證。

戰國末年・青銅燈座（局部）
（成都博物館藏）（作者提供）

戰國末年・青銅燈座
（成都博物館藏）（作者提供）

戰國時期漆器・臥鹿
鎮墓獸
（荊州博物館藏）（作者提供）

淺談中國藝術的空間性

*中國後世在美學上講氣韻生動，要求出神入化。談飄逸、講神秀、求空靈，無一不是這觀念的延伸，及空間性的展現。

任何藝術的構成離不開「空間」。「空間」也可說是人類藝術最基本的構成條件。而不同的文化，孕育出不同的空間意識，也構成藝術中不同的空間性。中國藝術，在自身特有的文化下，呈現出自身特有的風貌。

遠從新石器時代，中國彩陶在形制上，固然有和世界其他地區的彩陶有共同的原始藝術的特徵，同時也表現自身強烈的個別性。

此個別性，不僅是圖飾上的，只就彩陶的形式，我們也會發現：中國彩陶比其他地區的彩陶，呈現更多變化中的均衡性與整體的和諧性。這不只在彩陶的瓶頸、腹、底、雙耳等的比例分配上看，也可從其形式的「邊線」展現的輪廓上看。這種「邊線」的處理；能使彩陶從自身所處的環境中凸顯出來，成為視覺上的一個焦點。

商周青銅器，展現了中國器物中特有的雄健、肅穆、莊重的美感。而這些美感也來自其自身更精準、嚴格的比例分配及達成對稱性。尤其是其中心的垂直點，更使它們似乎成為天地間的規範、尺度和平衡器。

春秋到戰國，中國學術思想日趨成熟。西元二千五百年前，孔子提出「仁」字，作為「人」的註解和定義，使人們瞭解人之所以為人在於有「仁」。一如近代十九世紀後期心理學大師佛洛伊德提出「欲」作為人的基本定義和註解以建立現代心理學。

孔子以「仁」說明了「人」的共通性。凡是人必有「仁」。什麼是「仁」？其實「仁」就是「愛」。只是不同於一般性的愛。一般性的愛是本能的「愛」，是單向的。而「仁」是雙向的、是溝通的、是相互搭配的。這種「愛」是互相為對方留餘地、留空間，而後進入相互的融通與和諧。它消弭了人與人間的隔閡，也滅除了「人我」、「物我」，內在、外在的對立。

莊子從這基礎上，提出無限空間觀。他以大鵬鳥一飛沖天，摶扶搖而上九萬里說明空間的無限性，同時也以大年、小年，並在齊物論中做無限的追溯，說明時間的無限，開拓了當時人們的視野，一新人們的心靈世界。

而後《老子》更提出抽象的「有」與「無」，使人們從經驗界進入更純粹的思維世界；從有形進入無形；從存在界進入非存在界。然而又相互並存於「道」中。《易經・繫辭傳》本於此提出「形而上、形而下」的道理，並說明宇宙的生生不息的變化與整體規律。

中國社會在這觀念下，一切事物的發展與建造也都本此觀念。春秋戰國時代的藝術也都具體呈現並佐證了這特有的時空觀。

舉凡玉器、青銅器、漆器、陶器，甚至兵器等，無一不是這觀念的形象表達。每一個物件、藝術品，幾乎都是想從有形的器物、有限的空間展現到無限的空間和無形的世界去，而後又透過這無限、無形的空間去呈現、凸顯這藝術品的特殊性與個別性。因此每一物件、每一藝術品都是這有限與無限的交融，有形與無形的匯合點。如此交錯、滲透，譜織成中國文化、藝術的寶殿。

中國後世在美學上講氣韻生動，要求出神入化。談飄逸、講神秀、求空靈，無一不是這觀念的延伸，及空間性的展現。即使是氣象壯闊、雄大壯烈的大型戶外雕刻或建築，也都加入了這份可相互滲透融通的空間性。一如一座廟宇，佛塔的建構，固然有它自身基本形制的要求。但地形、地物，甚至天地間的關係也都搭配進去，務必配合到天

西周晚期．觥
（台北故宮博物院藏）
透過它的玲瓏的穿透性，在交錯的空間中，使青銅器的重量消除，成為靈活的動物造型。

戰國．黑陶鴨型尊。
（河北文物研究所藏）（作者提供）
從有限的空間展現到無限的空間。

高足鏤孔磨光細泥黑陶杯。（山東博物館藏）
約西元前2500～2000年前。（作者提供）
黑陶的造形彷彿考慮周圍的空白而呈現。

衣無縫。也就是要使得此自然界不因多此一物而顯累贅或突兀，進而要使自然界因多此一物而更添神韻，甚至把原先潛藏的美麗，發掘而帶入更靈透的境界。今天我們走到北平故宮，仍可感受到其想呈現的「遼闊」。這遼闊性不是因為空占一廣大面積而產生的，而是來自這整體建築群的規劃而凸顯出來的。

我們若到山西五台山看到那「一群的廟宇」，更可感受到天地間的空靈。在西藏拉薩市，眺望高聳如雲的布達拉宮，更可體會到西藏天空的高朗與明亮。

甚至我們走進鹿港龍山寺，站在進門的廊廡下，臨視這有限的中庭也可感受到那份溫馨與寬闊而來的安定。

中國傳統繪畫，更是在有限的平面空間，展現無限流動的空間與時間。古來所謂平遠、深遠、高遠，或說散點透視，其實都是畫家在有限畫面的山與山、水與水、樹與樹之間，藉各種相互通透的空間，交織出一片融通於天地的鮮活畫面。所謂可居、可息、可遊；所謂咫尺千里，莫不如此構成。

而雕刻作品，大至大型神獸像、佛像，小至案上文房用品，諸如水盂中的微彎的勺柄、端硯、筆架，無一不具備這種特質。甚至家具、擺件，也都是盡量呈現出這交互融通的空間性，各自俊逸剔透的從有限指向無限。

當然，構成藝術的基本要素尚不止「空間性」而已。但是這「空間性」不可否認的也是其中的要素。各民族對空間的體認，創造出各民族藝術的形象。而中國也因此交互融通的空間性——從有限到無限，又可從無限回歸有限的滲透中，使中國藝術在人類世界中有其獨特、強烈的民族風貌。

略談中國繪畫的抽象性

＊中國傳統繪畫乃是用有形的現象展現無形的大道；其中又以無形的空白，呈現具體有形的萬物。

西方在文藝復興時期，重新受古希臘思想的影響，人們終於將視野從上帝的國，重新回到人間。義大利三傑之一的米開朗基羅，為希斯汀教堂繪製壁畫，雖全是根據基督教裡的聖經故事——從上帝造人，到世界末日；由天堂到地獄。林林總總，仍全是在具體存在的空間中展現人類生存的百態。其實西方繪畫自古以來都是如實的完成「具體存在」世界的一幅幅寫照。不論是古典主義、浪漫主義、新古典主義，還是印象派、野獸派、立體派，甚至到未來派、象徵主義、表現主義，無一不是圍繞著人具體生存的空間，表現人實際的活動。其間從寫實到潛意識，從明確可數量的透視空間，重回到二度平面的色塊表現。畫面上每一樣東西，都實實在在，有形有狀，有體有積，有重量，有質感，在「具體存在」的空間中，有確定的位置與關係，甚至位置與位置間也有一定可計數的距離。可說不僅是人類視覺上可證驗的實物，也是經驗上明確的感受。

二十世紀的二〇年代，達達主義隨著時代的巨輪而興起。抽象藝術所要打倒、破壞的，似乎就是這些看來真實其實虛幻的畫面。他們認為以模特兒、花卉、風景、靜物作為繪畫的時代已經過去，具象的表達只是缺少創造性畫家的一種自我欺騙。他們在新時代、新科技的引領下，希望更能逼近世界的真實，及生命的本質。

於是新興的畫家一則訴諸作者心靈的感受，因此感受中，包含人類生命的整個經驗與認知。一則打破一切既有的形式，訴諸物與物間的單純關係，進入純粹抽象的領域，呈現自然的本質。

因此有人說：「抽象藝術就是藝術的本身，是一種包含了最內在本質的永恆的藝術。」更何況人類生命及生活本身就是一連串的變化，一如每一個人的生命過程中所經歷的變化一般，同時人類整個社會的現象及精神結構，也是一連串的變動，宇宙的發展更是一連串的創新。二十世紀的西方人在新科學的展現下，深刻意識到這種永恆的變化。抽象藝術也就在這新時代、新知識的影響之下，不僅成為這一時代從事藝術創作者展現自我、發掘自我、表現自我創造才能的重要途徑，也成為這一時代的反映與見證。

如果我們能從前述的這些角度切入，回顧中國傳統繪畫。我們會發現中國傳統繪畫，早在魏晉南北朝時，即開始離開人間，走入抽象繪畫的行列。

中國繪畫走向抽象藝術的思維與源起

魏晉南北朝時顧愷之以「遷想妙得」、「以形寫神」，表達出他對繪畫形式的看法。宗炳則言「澄懷味道」，進一步的表示繪畫的重點在「道」，一切形式當以呈「道」為歸趨。此外還有「神與物遊」、「超以象外，得其環中」為繪畫指標。唐代依承這觀念而說「外師造化，中得心源」。這些觀點在在都是提綱挈領的說明：一、繪畫創作的本質包括畫家主觀心靈的感受，不是單純具體的客觀事物的再現或描述。二、繪畫雖含有畫家個人主觀的感受，但並非是畫家個人主視感受的直接表現。三、繪畫乃是畫家個人對「道」的體會，而後藉著筆墨、直出心臆的表現。

誠如法國作家米歇爾・瑟福所說：

「每個人的本身既是一獨立而完整的世界，也是人類集體精神中的成員。因此每一個人都能分享這『集體精神』的公共財富。是以抽象藝術的創作不僅在於個人內在自我的發掘，同時也是探索藝術最本質性的自由表達方式。」這又如中國傳統畫家在繪畫的基本呈現上，是對「道」做個人最深沉的體會，而後做最自由的表達。透過這種表達方式，自然地建立起個人最清楚而明顯的風格，使繪畫與個人幾乎融為一體。因此在中國繪畫美學的評論上，最早提出的多是以風格為主的「審美範疇」，例如「世情未盡、神猶太俗」、「巧變鋒出，俊拔無不出人意表」等。像這樣的審美範疇，基本上是不離畫家個人的氣質、品味、情思、素養。而這些氣質、品味、情思、素養，其實就是來自畫家對「道」的體會和表現。

這又如米歇爾・瑟福進一步談論當代抽象藝術的生命和持久性時所說：「當較深入的去探索抽象藝術本質時，我們確信，只要藝術家本人具備真正獨創的天賦，那麼在任何作品中都能以新穎的手法體現這種卓越而又獨特的藝術流派的全部精髓。」又說：「抽象藝術的關鍵，乃在於發現自我，發現最內在的本質，並借助適當的技法，去表現這種蘊藏在我們內心深處的東西。」

在中國來說，內心最深處的東西，莫過於「道」，什麼是「道」？「道」分二種。一是人類內在的性情，也即是孔子所謂的「仁」。「仁」是孔子學說的中心，是孔子提出說明人之所以為人的心理特徵，是人對自我性情的認識與覺醒。它從「愛」出發，孔子說「仁者愛人」，也就是在「愛」的活動中，人們有了「意識」、有了「自覺」、有了「溝通」、有了「瞭解」。如此對外界、對自己不再只是對立和盲昧，而是有了進一步的「觀察」、「認識」和「發掘」，在情意上可相互的融溶與通透。人因而脫離了動物，進入人的世界。米歇爾・瑟福所說的抽象藝術是畫家所做的自我發掘，其前提也就是在人的自覺上，是因「人」而有，這是「人道」，即是所謂的「仁」。

孔子從此處談藝術的表現：「禮云！禮云！玉帛云乎哉？樂云！樂云！鐘鼓云乎哉？」又說：「人而不仁！如禮何？人而不仁！如樂何？」禮樂在春秋時代可說是藝術的總體表現。故其言「詩三百，一言以蔽之，思無邪！」

魯迅以此句「思無邪」批判孔子以道德情感束縛了中國活潑的人性，斲喪了創作的生機。其實「思無邪」的「無邪」二字在原始本義上可解作「直」。「詩三百，一言以蔽之，思無邪！」乃指「詩三百篇」全是人類直出心臆的性情之作。人們讀之可使人瞭解人類的情感與自身的性情，此即是詩教。而後中國在藝術的創作上，無一不是直出於自我的性情，即從自我的內心深處出發。

其二，「道」亦是指「天道」，「地道」，「宇宙」、「大自然」的整體部分。此來源於莊子、老子。

從孔子提出認識自我的性情開始，墨子講求兼愛，楊朱倡為我，告子說「食色性也」，孟子言必稱性善，無一不是圍繞著人類自身打轉。莊子以大鵬鳥衝開序幕，認為人應意識到時空的無限性，以求自身突破有限經驗中時空的約束。其方法之一，即先深刻的從內心探索、尋求生命最本質性的根源，看到人的性情底層更深刻的生命動力，以此動力協助我們跨越人們「感官認知」的限制，而進入人的「神知」之作用中，求得自身的逍遙與自由。而為達成逍遙與自由的可能，莊子在開始即把空間做了無限的擴大，點出萬物並存在此無限空間及大氣之中，萬物在此無限的空間及大氣中，會意識到無限時間的流轉。因此宇宙的空間不是平面而是立體，不是靜止而是流動，不是呆死而是活生生的共存共浮在大氣中。老子基於此，進一步抽象而概括的提出「道」的更大的「整體性」與「流動性」。他說：「道可道，非常道；名可名，非常名。無，名天地之始，有，名萬物之母。故常無，欲以觀其妙；常有，欲以觀其徼。此兩者，同出而異名，同謂之玄。玄之又玄，眾妙之門。」

老子擴大了「道」的涵融性，說明道包含了「有」與「無」，就是「存在」與「非存在」二個巨大而無限的部分。宇宙也就是在此二者相互滲透，交融並存的狀況下，化生出天地萬物。由「無」而生「有」，再由「有」而轉消入「無」的多重宇宙的空間。因此我們可從「無」的立場看到萬物由「無」而生「有」的奧妙過程。從「有」即是「存在」的立場，我們可見到千差萬別的各種現象。「道」就是這樣從「無而有」，從「有而無」，永無休止的永恆流轉與運動。而在這永恆的流轉與運動中，宇宙呈現了它永恆的不變的變動。老子稱此永恆不變的變動是一種恆「靜」，是包含著「恆動」的恆靜，而這是宇宙的「常形」，即「道」的常形。哲學家要體會這宇宙的恆動與恆靜，藝術家、畫家要能表達這宇宙的常形。

而後陰陽家更具體又概括的以陰陽二炁，說明宇宙萬物的消長變化過程，以致《易經》根據此建立了宇宙的生成法式。不僅說明宇宙是永恆的流動，更是剎剎生新的創造。整個天地以至生命也在流動的宇宙中生生不息。

東西方相異的傳統宇宙觀

中國人對宇宙、世界的基本看法與西方的傳統宇宙觀在此有了歧異。西方傳統的宇宙觀——從古希臘時期起甚至可遠溯到埃及古文明時期，架構是不動、靜止的，因那是神的居所，是永恆不動的（因動即是變化，即有毀滅）。是以西方傳統的雕刻與繪畫都是如實的展現那神國的永恆的靜定，即使表現動作，也是在動作中取其剎那間的靜定，十四世紀，尤其到文藝復興，更通過透視呈現特定的時空，展現具體存在的物質和人。

中國則離開了具體存在的空間，而走向了那生生不息、剎剎生新、抽象概括的「大道」。在此「道」中，宇宙是無，同時是有，人與物也都不是固定而永恆的存在。它們似乎有位置，又沒有位置；有形體，又超脫出具體存在的重量。（唯沒有重量；才能自由自在地隨著大道流轉而進入永恆無限的世界。是以中國雕塑與繪畫，通常有形體而不求量感，有質地，有力道，但一切則在呈現流動生長的力量。）

中國傳統繪畫從魏晉南北朝以後，山水畫逐漸成熟，而後成為主流，主要是在於其最接近這種宇宙大道的圖像。千百年來，在山水畫中，道盡了中國人對此大道的種種體會與摹想。

山水畫中層層的山峯，縷縷的山脈，代表著這多重宇宙的空間，也象徵著天地間陽剛、開創、上騰的力量。下流湍湍的水，則象徵天地間陰柔、凝聚、完成的力量。如此上下的力量，再隨著畫面中散點透視的移轉，兩股力量緩緩旋轉，於是畫面由靜而動，由平面而立體，天地霎時生機盎然。

我們可說這也是中國繪畫上尋求如何突破二度空間的限制，以求咫尺千里，盡得大道的真機的方式。是以在傳統繪畫的空間中，不求對立性的透視空間，因為這樣觀者永遠在外，與所觀的景物隔閡不入。中國傳統的畫家，常以反透視法，把人包進畫中，使內外合為一體，這也是道的融溶性的呈現。甚至畫中之景物關係也呈現其中的通透性，表現物與物中有著共存的大氣。此外中國畫家作畫時，常取凌空俯瞰或斜出俯看的視野角度，這也是為求得整體性最大的表現方式。進而從這遼闊性的展現上，再呈現宇宙生生不息的連綿性以至無限性，這一切都是對道體的表現。因此我們可說中國繪畫，尤其以山水畫為主，不僅在抒情，更重要是在表達被概括、抽象出的道體；其間「有」「無」並存，並且有通透的相關性以至遼闊、連綿、無限又生生不息的宇宙表徵。

《易經》〈繫辭〉上說：「形而上者謂之道，形而下者謂之器，化而裁之謂之變，推而行之謂之通」。這幾乎可說是中國畫家的寫照，質言之，即是畫家如何將形上之道與形下之器（具體存在）融合裁剪，使之相通相融，是以中國傳統繪畫乃是用有形的現象展現無形的大道；其中又以無形的空白，呈現具體有形的萬物。因之即使是宋人的高度寫實性的描繪，其形式仍是通向抽象大道的路徑與符號。

元・劉貫道　元世祖出獵圖／軸
（台北故宮博物院藏）

這張《元世祖出獵圖》清楚的透過俯瞰式的視野，呈現大地的遼闊。遠處正在行進間的商旅駱駝，帶動整個畫面的流動性。中國藝術、繪畫要展現的，是活著的天地，而非剎那間凝固靜止的物體。

明・唐寅　觀瀑圖
（台北故宮博物院藏）

傳統山水畫中的山，代表的是宇宙向上升騰開展的力量。

中國繪畫自此走向了人類世界獨特的抽象道路，而不是如西方古典藝術中的「再現」；是畫家直接表現個人對大道的體會，或是發掘自我內在的性情，探索生命內在最深沉的本質。然後再運用筆墨，做最淋漓盡致的表現。古代畫家如此，近世畫家如徐渭、八大山人、石濤等，也無一不是在此做淋漓盡致的發揮。因之古來品評中國繪畫作品的高低、好壞，不只在於筆墨的運用，也不只在於形式布局的巧似，還在於「澄懷味道」的深淺，「以形寫神」的「神」是否全然出竅而定。

宋・趙孟堅　水仙卷圖
（台北故宮博物院藏）
在水仙花葉的空隙中，呈現天地間虛與實、有與無的相輔相成與完整性，同時呈現生命力與傳神之處。

今天人們常論及中國繪畫的前途，認為就「形式」言，中國傳統繪畫似乎已到盡頭，是以徐悲鴻先生提倡寫生，加強中國繪畫中的寫實性；李可染先生則直接將透視、光影、量感、重墨納入中國山水畫中，一改中國傳統繪畫中的飄逸、淡遠，而求畫作的厚重、深沉；其他還有許多人也都不遺餘力地致力於傳統水墨的創作改造，令人非常敬佩。但是如就中國傳統繪畫中的抽象性這點而言，今天人們要是對「大道」有了新的體得，對生命有新的認識，對居於現代世界的「自我」能深入發掘，並以此全然表達，或仍會有合乎這一時代的新山水畫，或者屬於中國特有氣質的新抽象藝術的繪畫出現。

書法・藝術・性情

＊在中國藝術的領域裡，能突破造形限制，而又不離開形象的美感，矯若遊龍、變化萬端，僅僅以最簡單的線條，表達最豐富複雜的情趣，並帶人進入「氣韻生動」的最高境界者，莫過於書法。

藝術——性情的外發

清末大學者兼書法大師楊守敬先生，在他《書學邇言》中談到如何學書。除了引用前人所說的三要，即要天份、要多見、要多寫之外，又增二要說：「一要品高，品高則下筆妍雅，不落塵俗。一要學富，胸羅萬有，書卷之氣自然溢於行間。古之大家，莫不備此，斷未有胸無點墨而能超軼等倫者也」。

古人讀書之目的在明理。明理，品自然就高。楊先生提出的二要，大體可合為一件事來看。

自古以來，中國人殊重人品。東漢班固的古今人表，將人分上中下三等，三等中又分上中下，共為九等。魏時演化為九品官人法，以為拔擢人才的標準。

而後「品」字成為中國品評一切事物的重要詞彙。所謂「品」字，其義即是能久經玩味之意。人品高即此人能經得起時間的考驗。一如古語「路遙知馬力，日久見人心」。進而物也有品。物品高者，同樣也是經得起賞玩者。

人世間經得起時間的考驗與賞玩者，莫過於人的性情，以及與人性情相合者。中國人於是以人的性情作為品評一切人和事的標準了。

中國的藝術是從人的性情中「直」出來的。《論語》：「詩三百，一言以蔽之，思無邪！」無邪就是「直」。思無邪就是直出於人的性情之意。梁代鍾嶸的《詩品》序也說：「氣之動物，物之感人，故搖蕩性情，形諸舞詠。照燭三才，輝麗萬有。」他更清楚的說明舞詠之所以產生，乃在外物感動搖蕩了人的性情。

而什麼是性情？性情就是人與生俱來的那份面對生命最深沉的情意。其中充滿了愛，和諧與均衡。

中國所謂的美，必要由這裡產生，是以《論語》，孔子讚美舜的韶樂說：「盡美矣，又盡善也」。說周武王的武樂：「盡美矣，未盡善也」。

美與善這兩個概念在這裡分得很清楚。只是真正的美，當是與善進行了更高層次的結合。

孟子說：「可欲之謂善，有諸己之謂信，充實之謂美。充實而有光輝之謂大，大而化之之謂聖，聖而不可知之之謂神」。

這段話是孟子性善論的延伸，也可說是孟子性善論最精要的說明。只是在這裡，我們也同樣看到所謂真正美的意義。

孟子首先對善下了一個基本定義——可欲之謂善。也可說他先處理什麼是善的問題。從人生存的本能需要上獲得滿足，這就是善。只是人的生命並不只停留在這本能的滿足上，而是從這滿足的基礎上逐漸意識到自己，進而確立了自己，這是所謂信——一個生命最真實的主體。而後能充實這主體的才是美。什麼是充實？用今天的話來說，即是我們能使用人所特有的這份認識自己的心靈，多角度地來看事物，瞭解世界，瞭解自己。一如在中國學術史上，由孔子而墨子，由墨子而楊朱，以至孟子、莊子、老子。他們各有角度，而後超乎目的，超乎功利，超乎對立。這種認識，就是美的認識，就是美的開始。

換言之，在我們的生活裡，當我們的言語及各種活動，不足以表達我們內在深切的感受時，藝術之所以為藝術，即透過它特有的形式，將我們的經驗延伸，使我們進入一理想或有創造性的想像世界，使我們的情感獲得充分滿足，這就是「充實之謂美」了。

再從這美的基礎上，發揮人特有的創造力，帶人進入一更廣大的世界，這就是「大」。從這立場，人類一切文明的活動與創建，都可說是一「大」的活動，也可說一「美」、一「藝術」的活動。是以中國人看人生是一藝術的人生，而人生中最高的表現，也是一種藝術的展現。

美與善到這個境界渾然不分，且從此美與善的相合中領人進入一更廣闊、更深沉的天地，呈現人類最高的情懷。在這情懷中人們溝通了你我，以及一切的隔閡，使人在同一情感中，共同享有此生命之大情。中國的事業、學術藝術的創作即從此情懷開始，然後開花結果，為此下的人們打開一新的生命道路與生活天地。能如此就是聖，聖有通人之謂。

因之，中國有所謂聖人。孔子是至聖，孟子是亞聖，伯夷叔齊、伊尹、柳下惠也是聖。太史公司馬遷是史聖，王羲之是書聖，還有杜甫是詩聖……。

他們都是為此下的中國開通出一條新的生命的道路、新的生活的天地，不論中國人歷經多少風浪、滄桑，都會代代延續下去。而能達於此作用功能的即是「神」。「神」有妙不可言的意思，所以說「聖而不可知之之謂神」。或也可說莊子學說與精神在這「神」上有其獨特的體驗與發揮。

從〈逍遙遊〉，大鵬鳥一飛沖天，到「一夭壽」、「泯物我」、「上與造物者遊，而下與外死生无終始為友」。這種突破時間，突破空間，達乎天地一體，萬物渾然為一的狀態即是「神」的最高表現。

後世承繼了這觀點，用另一辭彙表達了這意思，成為此下中國人一切活動，包括藝術與美學上的最高精神。這就是《中庸》所說的「中和」二字。

《中庸》說：「天命之謂性，率性之謂道，修道之謂教……喜怒哀樂之未發，謂之中。發而皆中節，謂之和。中者天下之大本也，和者天下之達道也。致中和，天地位焉；萬物育焉」。

可見喜怒哀樂是情，是天命之性，是與生俱來，含藏於人心中者。循此天命之性，即是生存之道。達此喜怒哀樂之和即是節，是修道，是教。而修道的最高境界即是透過人的努力，以人特有的心靈活動，使天下各得其性情之中，求得天地萬物內在最深沉的和諧與均衡。如此整個宇宙也將各安在其適當的位置上，依其原有的秩序運行不已。而天地萬物也就能在此和諧、均衡的宇宙秩序中生生不息。

中國的藝術與美感本此而下，開出「氣韻生動」四字，引領中國藝術與美學進入一獨特而繁盛的世界。

書聖王羲之

藝術離不開形象，離不開具體的造形。而且造形必有其限制。在中國藝術的領域裡，能突破造形限制，而又不離開形象的美感，矯若遊龍、變化萬端，僅僅以最簡單的線條，表達最豐富複雜的情趣，並帶人進入「氣韻生動」的最高境界者，莫過於書法。書法是以中國文字為表現對象，以毛筆為表現工具的一種線條造形藝術，且為中國所特有，確實可稱得上是人類世界獨一無二的一種藝術。

從商代的甲骨文已可看到精美多類而整齊的刻字要求。西周青銅器銘文更是絢麗多姿，書法美的各種基本範疇已充分展露。

秦統一中國，推行書同文的政策。秦系統的文字——書體結構方正舒展，轉折處化圓為方，神態古樸平實，遂成為中國書體的正宗。

兩漢篆書開始逐漸失去實用的價值，成為一種裝飾。代之而起的是隸書。隸書成熟於東漢，連民間也大量湧出許多不知名的書家，作品蔚然大觀。

三國魏晉南北朝是隸書走向楷書的過渡。在這過渡時期，傑出的書法家開風氣之先，促進了新書體的成熟。其中最著名莫過於王羲之。

王羲之，東晉人，字逸少，官至右將軍，會稽內史。故也稱「王右軍」。

他早年從衛夫人（鑠）學書，而後廣泛的學習鍾繇、張芝等名家的優秀作品，把平生博覽所得秦漢篆隸各種不同書體的筆法妙用，悉數融入真行草體中去，於是形成他那個時代的最佳體勢。而後推陳出新，繼往開來，把古樸平實的書體，變為妍美流便的今體，對後世楷書、行書、草書有了創造性的貢獻，為中國書法史上一位劃時代的人物。中國人稱他為書聖，感謝他在書法藝術上為中國開闢了一新時代。

魏晉南北朝是中國一個極其特別的時代。就政治而言，可說是中國的一個黑暗時代。那裡面沒有理想，只有殺戮和貪婪。社會人心徬徨，思想動盪不安。他們不論貴賤，面對的是個人無限的欲望和令人恐懼的死亡。

也就在這擾攘紊亂中，有些人重新反省，依據人們面對生命而來的內在最深沉的情感，也即是人的性情，對學術以至藝術有了新的開展，使中國文化在此黑暗時刻種下新

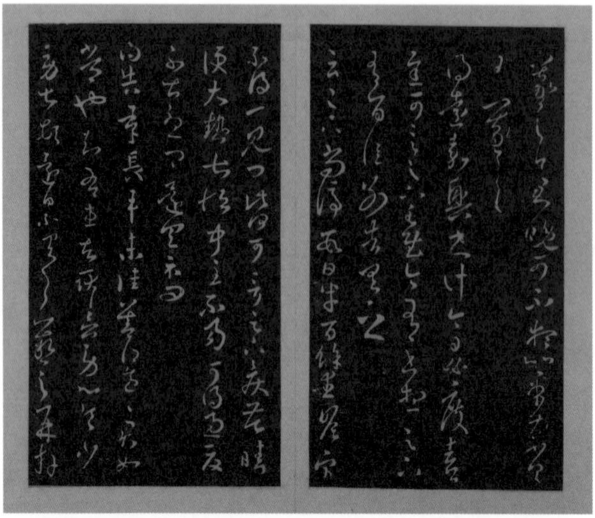

▲晉・王羲之作品（台北故宮博物院藏）
▼晉・王羲之・佛遺教經（台北故宮博物院藏）
王羲之的書法將中國文字從實用性提升到藝術上，呈現中國藝術的線條之美。

的希望。

今天我們可從當時留下的各種著作中：舉凡哲學、文學、文學批評、美學、繪畫、書法等看到那輝煌的成就。

而王羲之的書法可以說是此文化活動中最大、最具開創者。他不僅開此後中國書法、文字的新世界，更在打破以往各種文字的工整性中，掌握到一切文字線條內在共通的必然性，即來自宇宙與人內在共有的均衡與和諧的秩序。

他的字，前人說體勢縱橫、神采飛揚；有龍躍天門，飄若浮雲之姿。今天我們看來，確實在他左傾、右側、上飛、下躍的各種變化中，有一萬變不離之「中」。此「中」永遠不動。就好像看高明的拳師打醉拳、太極拳，不論如何左移、右挪；東倒、西歪，其中心點永遠屹立不搖，文風不動。因而形成一種循環不已、連綿不絕的迴旋，一種變化中的均衡與和諧。

誠如老子所言，宇宙大道，表面上雖是萬物並作，總總芸芸，然後必各歸其根，返其本源。這歸根返本的運動是一種靜。也是一種常，也就是道的永恆運動。質言之，整個宇宙的變化是動中有靜，靜中有動。這是常動，也是常靜。不論常動與常靜，反覆變化，不離其宗，此也就是宇宙以至天地萬物之常形。

中國藝術透過線條掌握此宇宙之常形。羲之更藉其新的字體，將此宇宙之常形凝聚在他的書法上。就中國文字以至一切藝術提供了一既具體又抽象的新的審美造形，使中國後世的「書畫同源」，或「援書法於繪畫」的美學理論建立一堅定的基礎。

羲之書法以〈蘭亭序〉最具代表，世人稱為「天下第一行書」。全文共二十八行，三百二十四字。書法骨格清秀，點畫遒勁優美，行氣流暢。只可惜真本今已失傳，在傳世的各種臨摹本中，以鈐有唐中宗「神龍」小印的摹本，相傳是唐、馮承素的摹本，神采飛逸，生動自然，最接近真跡。

而我們從那瀟灑、飄逸、清爽的字裡行間，綜觀全文。看他從「永和九年，歲在癸丑，暮春之初，會於會稽山陰之蘭亭，修禊事也」說明作此文的緣始。然後交代人物，地理環境，逐步順著清新、亮麗的音節滑入，並道出「雖無絲竹管弦之盛，一觴一詠，亦足以暢敘幽情」。

東漢末年以來，中國人逐漸意識到死亡。在沒有更深遠的宗教信仰下，死亡成了永恆的滅絕。這種憂懼與焦慮，觀之古詩十九首，可以有相當的瞭解。而此死亡的憂懼與焦慮到了魏晉更甚。人們遂服食丹藥，求長生，求神仙，或而放浪形骸，縱情聲色。

而羲之從「仰觀俯察」面對自然所興起的生命情意裡，肯定了生命之大樂，否定當時流行的各種生死論，且從這生命的情意中瞭解這乃是人心、人情之大本處。由是跨越了時代，聯繫了歷史，銜接了未來，而這也是中國詩歌、文學，乃至藝術的本源。所以他說：「後之視今，亦猶今之視昔。悲夫！故列敘時人，錄其所述。雖世殊事異，所以興懷，其致一也。後之覽者，亦將有感於斯文」。

設若再觀廿五史《晉書・王羲之傳》，見其為人。從他年少，在家中東床上坦腹而食，不聞郗太尉派其門生來挑選女婿事。及長不肯輕就官事，待至無法推辭而任「右軍將軍」、「會稽內史」時，致力協調殷浩和桓溫之不和，以求國家之安全，內外的團結。

《論語》中孔子以「仁」說君子。「仁」用今天的話語，可說是一有高度自覺，肯面對自身以及生命本質者。而此高度自覺乃來自對生命的熱愛，對人的同情，是以樊遲問「仁」，孔子答之以「愛人」。

一個有愛心，肯面對自身及生命本質者，即是仁者，亦即是君子，其內心自然充滿那份來自對宇宙生命所體會的均衡與和諧。從此和諧與均衡中，他將重新開創他的生命，他的心靈，以至他所從事的事業、學術或藝術，進而建立新形式、新風格，以為後世注入新的可能和新的機會。

中國靠著這些人物，走過漫長的歷史，民族的天地因是而大，民族的生命因是而長。以此再證之，羲之確實不謬。

民國史學大師兼思想家錢賓四先生說：「中國藝術上只有偉大的藝術家，他的作品雖因時代動亂而喪失，也不足以損害他的偉大成就。因為中國文化重人，唯有偉大、高朗的品格，才有偉大、高朗的作品。作品是因人而生，人無須待作品而立。偉大的作品乃是偉大人格與生命凝鍊而成」。

卷三

時代器物之美

初民生命的躍動——彩陶混沌之美

＊一如彩陶所採用的黑白紅及陶器本身，既簡單又鮮明，在各種線的變化，對比中，充分表現了線的神韻與內在的精神性，而這也成為中國藝術的共同精神。

農耕社會的初奏

彩陶的出現，說明中國已進入農耕的時代。透過農業的耕作，人們日日月月與泥土相親，瞭解了泥土的性質。透過火，將泥土鍛鍊成經久耐用的器皿。而半坡的發現，似乎也說明中國的人們已經自泛靈的自然崇拜，進入了圖騰的信仰時代。

所謂圖騰信仰是人們已開始意識到人類生命的誕生，似乎是宇宙自然中一個神奇的表現，而人們開始在尋找這生命的來源。

對自然模擬的開端

從原始樸素的觀察裡，人們驚奇的發現人與自然界萬物不同。而後自覺或不自覺的將周遭構成自然的事物加以拍打、塗抹，或透過陶器的造形，及寫實的圖案，加以記錄下來。

我們可以從半坡的彩陶上，看到人們拍打、刻劃的痕跡，也可以看到將花葉的形狀真實、直接的描繪在碗缽上。同時有如紡錘般垂直如椎的瓶子，以便於汲水，也有模仿具有豐富變化的葫蘆成的瓶子，以滿足當時人們單純的審美趣味。

不過這一切還都是為了人們實用的需要而做。在技術越來越熟練的前提下，碗底繪上浮游的魚，跑著的小鹿，還有人與魚化合成一體的面像圖案。他們似乎在訴說著魚豐富的肉質是人生命的來源，是人神祕力量的起點。人們充滿感謝，也充滿了期待，期待著豐收，也期待著神奇的力量。

隨著時代的進步，人們的意識更形開展。一個披著花袍子的人像瓶出現了，這似乎意味著「人」的覺醒。更有五個人一組、手拉著手，跳著舞的人物羣像的缽出現了。這更明確地說明人的社會性，社會組織已明顯地發展。人們已有了群體的慶典活動。

只是這些人物是男？還是女？有人說是女的，因為腦後有辮子；有人說是男的，因為前身似乎有著如今日還存在的印尼原始土著，男性生殖器上套著一根長大的管子。一則以保護這生命的根源，一則以示男性生殖的力量。我採取後者的說法。因為這或可用來解說人類逐漸從母系社會，跨入父系社會，在信仰崇拜上進入祖先崇拜的階段。

生命源泉太陽的崇拜

在祖先崇拜中，人們一則確定了人直接來自於人的這一觀點，同時更進而有能力意識到宇宙、萬物，以至覺察人類似乎有個更大共同的生命泉源——太陽。

太陽崇拜幾乎是全世界原始社會，原始部落皆共有的宗教行為。同時似乎也是人類一切神話的核心話題。

原始人用著樸素的直覺，感到溫煦、熱烈、光亮的太陽是生命的本源。他們看著太陽的上升與降落，也看著月亮、星辰隨著太陽的出沒而運轉。風雨雷電，時而變化的四

三角紋彩陶壺。約西元前四千多年前。（作者提供）
彩陶的圖文如同太陽一般，展現來自宇宙的動能、生命的躍動。

黑彩波浪紋紅陶壺。馬家窯類型，西元前3000～2000年前。（作者提供）
當時人們將生命律動與自然力量，都抽象化為波浪紋，呈現於陶器上。

季，以及滾滾而來潮浪似乎也圍繞整個太陽循環。

太陽是一切的核心，是一切能量的來源。宇宙、萬象隨太陽依著秩序，展現出如人一般的生命節奏。

人從自身的心跳，左右手的擺動，以及走路時手腳呈均衡交錯的運動中，意識到生命的節奏和韻律，而這是生命有機的具體呈現。太陽在宇宙的天體中，似乎帶著萬物做同樣的旋轉，呈現出更大的生命律動。人的生命律動似乎是其中的一小部分。於是人與自然合一，相互滲透，進入宇宙永恆的秩序中去。

馬家窯的彩陶，正展示出這驚人的律動。似乎當時的人們透過觀察，再經原始的思維，對宇宙萬象和生命律動做抽象的掌握。人們從物理現象，從生理視覺的感受到心理的反應，表現出當時人們高度的審美情趣。

陶器涵容生命的另一個完體

每個陶器似乎已不再是個單一的個體，而是人們把這神奇躍動的宇宙之能動力聚攏，化成圖案，創造了視覺上另一真切的生命完體。

馬家窯每一個陶器所展現的都是天空璀璨的圖像，當中更滾動著宇宙神奇的力量。他們是鮮活的，是有生命的，是如太陽般無限而永恆的。

看看那陶碗，幾乎每一個碗的圖案都是向內旋轉以到無窮的地步，似乎他們想要在這有限的空間中發現蘊藏著的無限深邃的可能。

每一個瓶、壺、罐、甕都展現出這樣的活力。而這活力的中心點，都以象徵太陽的符號如圓心點◉、十字或卍字，作為中心。有人說，這些其實也是鳥紋的變形。圓點是鳥的眼睛，波紋是鳥的羽毛。其實這也是對的。因原始人抽象思維的特徵即是把各種有類同的事混合成為一體。

以圓口為中心，花紋向外擴散

他們常以鳥會飛，而以之代表為太陽的化身。鳥成為太陽具象的形符，而後再變化成雲紋、雷紋。由圓的化作方的，再轉折成為三角形。

而整個壺、甕的造形，也當從上往下看，因當時人席地而坐。人們視覺的習慣由上往下。因此壺、甕當以圓口為中心，而後所有的花紋都如太陽的光、熱、能，向外輻射、擴散。

當人們看著這具有深切涵義的象徵符號，一如今天人們看著具有象徵意義的事物如國旗、十字架同樣會激起人們內心的熱情和強烈的心理反應。人們在這裡感受太陽的熱力帶出生命的熱情，掌握宇宙的律動，將此一切化作人們創作的能力。

簡單鮮明對比的美感

我們可以看出所有從馬家窯以後的彩陶，如半山，如馬廠，不論畫的是魚網紋，鋸齒紋，大渦旋紋或人（蛙）紋，蚌蛤紋，無一不是以瓶口中心向外擴散、輻射的基本圖式。這是太陽崇拜的基本原型，是太陽運行，四季循環，人類命運相互對應，得到整合的統一表現。

而我們再從彩陶直立，側邊的切面看去，則看到具有連續、重複、樸素規律化的圖案。這是原始藝術的共同特色，也說明原始人的直觀、樸素的原始思維，嘗試用簡單，甚至公式化的方式去呈現宇宙，自然中的規律，展現變化中的穩定性，並達到整體設計及裝飾的效果，以求生活中藝術、美感的滿足。一如彩陶所採用的黑白紅及陶器本身，既簡單又鮮明，在各種線的變化、對比中，充分表現了線的神韻與內在的精神性，而這也成為中國藝術的共同精神。

美麗與溫情——談中國玉器的美與德

＊他們用之以禮天，表達心中最高的敬意。他們用之以禮地，表達人們對大地的感激。還有風雨山川，及各種人事的活動——和平或戰爭、出使或回國述職，賞賜或訂情，莫不以玉來傳達最真實的訊息。

在中國藝術中，彩陶線條的紋飾，以及玉器的造形與質感，都能清楚地表現了中華民族特有的審美情趣與美感經驗。

中國和其他民族一樣，從遠古發展到今天，從原始進入文明。同樣是自舊石器時代，經過中石器，跨入新石器時代。

在新石器時代，人們開始有能力分辨石質、選擇石材，根據需要製作工具，以達生產和生活的目的。就在這石材的分辨與選擇中，也在技術的逐漸熟練下，中國在自身特有的地理環境中，發現了美麗的彩石——玉。

天地彩虹的凝結，宇宙神靈的精髓

從考古資料裡，舊石器時代是沒有石器的。而在新石器時代，我們看到質地細膩而又堅硬的石斧、玉斧、石鏟、玉鏟。

那些色彩鮮麗的玉石，想來是立刻吸引了中國原始人們的注意，他們很可能認為那是天地彩虹的凝結，或是宇宙中神靈的精髓。於是他們用之作為配飾，以滿足視覺上美感的需要。在六七千年前，東北、紅山文化的考古發掘中，我們看到民族配飾的玉龍、玉手臂環、玉勾形器、玉蟬及玉琀。那淡綠溫柔的岫岩玉，裝點了他們的生活，帶來了新的喜悅。

而玉石平滑細膩的質感，同樣也滿足了原始人們觸覺上的美感。我們看到在大汶口文化、二里頭文化中用玉做成玉戈、玉鏟、玉刀，其上並沒有使用的痕跡。從陪葬的位置，可見是墓主人生前的珍寶，玉已經脫離了實用而進入美的藝術領域了。

更何況玉本身因石質的不同，不僅有著色澤上的變化，幾乎沒有一塊玉是相同的，這更滿足了人們心靈渴望變化的藝術要求。

良渚文化中期・玉琮（約5000年前）（台北故宮博物院藏）

新石器時代晚期・玉錛（約7000年前）（台北故宮博物院藏）

新石器時代・紅山文化・玉勾形器（約6000年前）（台北故宮博物院藏）

紅山文化晚期・鳥形玉佩（約6000年前）（台北故宮博物院藏）

良渚文化早中期・鏤空神靈動物面紋玉飾（台北故宮博物院藏）

由實用到藝術審美的要求

我們從江淮地區，良渚文化圈中更發現大量出土的玉鐲、玉環、玉瑗、玉墜、玉珠等玉器，知道玉已深入中國人的生活，甚至更進入了中國人的心靈深處。大量玉琮、玉璧的出現，我們看到透過精巧的技術，所刻劃出來宗教性的圖紋——圓突雙眼的神獸圖騰。上面常常還頂著一個頭戴羽毛冠冕的神像。

在良渚文化的各式各樣玉器中，甚至包括鑲嵌在一些器物上的把手，都可以看到良渚的原始人們，全心全力的切著、琢著、磋著、磨著，似乎希望將人類心中最美麗又深沉的構想，透過這色彩鮮麗多變、質地細膩滑潤的玉石展現出來。

良渚文化玉器造形的優雅，邊線切割打磨的精巧、細緻、悠遠、準確，不僅有著他們自身鮮明的藝術風格，同樣也充分表現出中國人特有的審美情味。

玉已是中國藝術中一塊璀璨無可替代的瑰寶。

玉是人格的代表與敬天尊地的象徵

夏商周是中國玉器的成熟期。玉已進一步成為祭器、禮器，從各式各樣的玉器出土中，能看到當時人們狂熱的喜愛。

他們用之以禮天，表達心中最高的敬意。他們用之以禮地，表達人們對大地的感激。還有風雨山川，及各種人事的活動——和平或戰爭、出使或回國述職，賞賜或訂情。他們莫不以玉來傳達最真實的訊息。

人們不論生前、死後，都得佩玉。生前提醒自己是個君子，死後期待這天地間的精華，發揮靈力保護死者的靈魂與肉體。

古人說，玉有五德或九德。我們歸納可得下列幾點：

一、溫潤而澤：這不僅說明質感，也說明它所象徵的人類溫柔敦厚和情感。

二、縝密而栗：表明人當像玉雖溫柔敦厚，但意志堅定，能使人尊敬（注：栗為堅剛之意）。

三、廉而不劌：在意志堅定中，又不至於傷人（注：指廉潔、有稜邊而不致使人割傷）。

四、瑕不掩瑜，瑜不掩瑕：心中坦蕩，無所掩飾。

五、孚尹旁達：孚尹（注：指玉的色彩晶瑩）是信實不虛。旁達是相互通達。

中國人的好玉，在後期賦與玉人格性的讚美，最後這點應是非常重要而直接的原因。而這也是玉的特質。

大概凡是佩戴過玉的人，或都有這樣一個經驗。玉會隨佩戴者而有不同的變化。質地或清或濁，色澤或明或暗。尤其是入過土的古玉，更會有鮮明強烈的變化與反應。這好像人與人交朋友，有知己，可相互感通、傾訴、安慰。這是人渴望的世間情誼。是以孔子說：「君子比德如玉」。

此下中國人審省一切人、事、物、美與不美，皆以玉為質感的標準。就如我們的漆

河塘鷺鷥玉頂
（台北故宮博物院藏）

器如玉，木器如玉，特別是瓷器，更是化土為玉的傑作和努力。

中國人的藝術，流利多變的線條展現了宇宙中的精神，以玉呈現了人們心中最深切，可經驗、也可觸摸的美麗與溫情。

宇宙的建構——中國青銅器

＊青銅器仍與玉器、彩陶一樣，是深具中國民族風格的藝術品。當然，它也是世界文明、藝術史上燦爛的明珠。

早在仰韶文化，中國人似乎就已提煉出銅，以作為某種器具使用。而馬家窯文化遺址更出土了一把以「範」鑄造的銅刀（注：範，又稱鑄型，是鑄造時容納金屬溶液的容器。）。不過要到二里頭文化，差不多是夏朝吧！中國才隨著出土的、有如剪水燕身姿的乳丁紋爵，正式進入青銅時代。

青銅器呈現商人對宇宙建構的理解

商朝是中國青銅器成熟的時期。這不只是因為青銅器大量製造、技術不斷創新，而且也是青銅器表現了特有的藝術造形，呈現出中國遠古藝術上從未產生過的造形使然。

商朝青銅器的造形特質，不僅在其主紋與地紋間粗細、大小、主從均勻、適當的配合，更在其造形、結構的完整與挺立。

基本上我們可說，商朝青銅器是商人對宇宙理解的呈現。

商朝人繼承至少自原始以來薩滿教的信仰。所不同的是，隨著社會的演進，由多神、泛靈的原始信仰，進入以上帝為中心，宇宙分上下，以及由各層面而組合的有秩序的宇宙世界。這個無限而廣大的宇宙，則由一株由上到下的天地樹——神木所支撐。

我們今天可以看到所有青銅器，不論隱或顯、圓或扁、整齊的形體或左畸右斜的變形。其中心，由上到下，都有一根可見，或不可見的垂直線，穩穩地由天，插入地中，呈現了所有青銅器穩定的不變性。

而後隨著造形，由頂蓋，經器身，到底座，平均的分成幾等份，或是由整體的各部分做比例，與比重的適當分配，或是用刻紋作為劃分，使器物因這些劃分，展現如西方「黃金比例」的優美均衡性，甚至也呈現出器物自身特有的節奏感，使器物各部分都能相互呼應，在既分割又呼應的表現下，使這穩定、莊重的青銅器也能呈現活潑、生動的變化性。

西周早期・鳳紋方座簋
（台北故宮博物院藏）

商後期・盤龍紋盤
（台北故宮博物院藏）

西周早期・康侯方鼎
（台北故宮博物院藏）

商後期・亞醜父丙爵
（台北故宮博物院藏）

商後期・亞醜方商彝
（台北故宮博物院藏）

珍奇異獸表現宇宙生命的力量

青銅器在商朝就已經種類繁多，除了有大量飲酒器如爵、觚、壺、盃等外，還有大量的烹煮器盛食器。此外還有以各種珍奇異獸，如象、犀牛、鴞鳥等所製作的樽。這些器物不僅造形奇特，同時也表現出宇宙生命中的力量。一如各種青銅器的器身上所鑄造的饕餮紋——以及配合在底層下的風雲雷地紋，它們都是這天地宇宙的代表。是商朝用之以號召天地萬物，協助他們溝通上帝的助力與工具。所以每件青銅器，基本上都是這天地宇宙的象徵，也具體而微地去呈現宇宙力量的神物。

它們不僅是祭祀的禮器，更是展現超自然中具有威脅性的神祕力量。所以商朝青銅器的鑄紋，線條凌厲，剛猛、轉析分明有力，其間沒有任何妥協的餘地，有如上帝的意志力，在此表現出祂的決斷力與肅殺氣。

嚴整、勻衡、穩重、大方的藝術結構

西周繼承了商朝的宇宙觀，青銅器也展現了這種嚴整、穩定、對稱、均衡的宇宙建構。但是他們取消了那展現意志力的上帝，而以一個可為人看到、感受到的「天」作為宇宙的最高代表。而這代表更可落實在人的行為能力與精神自覺上。這代表人物就是周文王的敬與德、保民、愛民的表現。

我們可說西周是中國人性自覺的初萌時期，展現在西周青銅器上的紋飾，變得婉轉、溫和、生動流暢，也自然消除了那股凜然不可侵犯的肅殺氣質與緊張性，代之而起的是一種和穆、莊重、安寧的善意。同時青銅器也不再是宗教上的祭器，而是人類自我努力的歷史見證。（青銅器上鑄造文字，記錄歷史事件，從西周始。）

從夏朝、經商朝到西周，中國青銅器，由草創到成熟，將中國對宇宙、自然的信仰，及人類自我的認識，全部記錄在這永恆的宇宙建構中。同時也提供給後世中國人一個既穩定又活潑，既沉重又輕靈的藝術造形，及展現中國特有的嚴整、勻衡、穩重、大方的藝術結構。

西周・蟠龍獸面紋盉
（台北故宮博物院藏）

西周早期・蟠龍獸面
（台北故宮博物院藏）

人間至情——姿態靈動的秦漢陶俑

＊我們從出土的秦兵馬俑上，不僅看到軍容壯盛、軍威嚴陣、肅殺，似乎隨時在一聲號令下，就可躍起衝殺的秦始皇衛隊群之外，也可從個別的兵馬俑中，看見精細而寫實的刻劃。

秦漢是中國歷史上的偉大時代。秦結束了春秋、戰國以來的紛爭，統一天下，使中國原本分散的力量重新凝聚。可惜因政策、施政上的問題，統一不久就崩潰了。不過秦王朝雖滅，由秦所帶出以法家為主的實證學，影響到藝術，美學走向寫實，為中國在藝術、美學、文化上開出了新的風貌。

今天我們從出土的秦兵馬俑上，不僅看到軍容壯盛，軍威嚴陣、肅殺，似乎隨時在一聲號令下，就可躍起衝殺的秦始皇衛隊群外，我們也可從個別的兵馬俑中，看見精細而寫實的刻劃。

秦俑表現出內心世界的生命活動

在樸實、毫無誇張的寫實手法下，可以看到不同年齡、不同階級、不同職務以及其擁有的不同的閱歷，甚至我們也可看出他們內在的性情。這個脾氣剛猛、暴躁；這個精明能幹，而且有豐富的人生閱歷；這個面帶嘲諷，但不失幽默與滑稽。

在軍種上，有的是步兵，一臉剛毅、堅決，甚至殘酷的表情，因為他們是戰爭中從事最後肉搏、決定勝負的關鍵。有的是弓箭手，一臉敏銳而凝視專注的神情。在階級上有的是將軍，他們沉穩、嚴肅、練達，有著指揮若定的軒昂器宇；有的又似乎是剛入部隊，不知天高地厚、無憂無慮的青年。

這種生命性的情味與心理的刻劃，雖透過寫實的手法，但已不是實際狀況的單純模擬與再現，而是已深入人類的內心世界，展現屬於人所特有的生命活動。

從這裡我們已可看到在春秋戰國人性覺醒的前提下，雖經法家實證學、現實主義的影響，但這份人性的光輝，並未泯滅。

漢朝在這基礎上，不僅是一偉大的時代，也是英雄的時代，更是一開創的時代。

漢俑姿態生動靈現，更表現人間至情

漢朝在藝術、美學、哲學、文化上都有整體性的全面發展。

漢朝的藝術基本上繼承了秦朝的寫實，不離開實際的生活經驗，但卻從嚴謹、樸實、寫實的風格中解放出去。

西漢陶俑的身軀，不再平板僵硬，他們的姿態開始有更生動的語言與表情。這或可說是法家政策與純粹軍事立國中的解放。同時，也是對人有了更深刻的瞭解與同情。尤其劉邦更是以一介平民稱帝，而人們的眼睛與心靈似乎也從貴族轉移到廣大的平民。一般日常生活，遠至神話傳說，天文曆象，近至耕田、漁獵、慶典、娛樂或販夫走卒，都成為藝術家創作的對象，尤其是陶塑人物，更表現出一種人間至情。

漢人陶俑的臉，都是些普通人的臉，呈現平凡和單純。

漢人放棄了秦俑臉部的精細刻劃，但似乎已能歸納出中國人特有的臉部造形與特徵，特別是一些極其精妙細微的部分。

例如中國人的眼睛大體說來是單眼皮（相對於西方人的凹眼大雙眼皮而言，或說是

西漢・女坐俑
（徐州博物館藏）
（作者提供）

秦俑（局部）
（陝西秦始皇帝陵博物館藏）
（作者提供）
有表情的秦俑，彷彿與人對話。

西漢・陶侍立俑
（陝西博物館藏）
（作者提供）
漢代人的自我內斂性成為藝術審美的重要元素。

秦・跪射俑
（陝西秦始皇帝陵博物館藏）
（作者提供）
中國的雕塑不以肌肉展現為主，而以人的生態為主。

單鳳眼，有的眼角較斜、有的眼角較平、有的向上、有的向下。有了稍許的差異，人的臉部表情就有變化。還有中國人的嘴角，尤其是年輕女性，微翹、微凹的輕輕一痕，就帶出中國女性特有的溫婉、含蓄和秀氣。

漢朝女俑表現貞靜、謙退的女性細緻之美

漢的女俑不論坐或站，藝匠們似乎卻將她們的背拉長，好像歐洲十九世紀浪漫主義後期的古典大畫家安格爾所畫的土耳其浴女，這畫最吸引人的地方即在那背坐裸身浴女修長柔滑的背部。雖然這並不合乎生理結構，但透過藝術的變形與誇張，反而更真實地呈現女性特有的美麗，而達到藝術的效果，呈現了在藝術上的真實。

我們看這幾張漢俑女子的圖片，在輕微的捏塑中，展現了極細緻的表情，並表達出她們各自的性格與身分。

有的是個少女，可能二十歲，臉上有著未經世事的稚嫩與羞怯。而有的則是中年婦

女，有著深沉的含蓄。有的可能是個管家，緊抿著嘴角。她們不論端坐和微傾著身體。有的直立，但衣著有三角形的裙襬，無一不呈現女性特有的貞靜。

貞靜、深邃、溫柔、恬淡、謙退，是漢代標榜的女性美。這並非是男性沙文主義的抬頭，而是漢人對宇宙的看法使然，認為宇宙的構成是陰陽兩股力量相激相盪而成，缺一不可。

陽是剛健、開創、變化的力量，而陰是靜定、凝聚與完成。所以漢人在男性、在馬、在銅雕、在畫像磚、石上，所呈現的都是剛健、勇猛、變化無端的力道，而在這動盪發揚的力量中，女性展現出那份靜定、凝聚與完成，則是在這宇宙不息的運動中，柔化、包容而形成具體事物的力量。

漢俑中女性沉靜的坐姿，或舞俑婀娜的舞姿，無一不展現這份宇宙構成中最委婉、安定的凝聚力量。而非現代人所說，只表現奴僕的恬淡、謙退，以維持自身起碼的尊嚴的社會功能而已。

漢俑寫實，也走向簡化，寫實與簡化，巧妙的運用在漢人藝匠的運作中。

漢人極善於捕捉人身肢體變化中微妙的心理動向與情意。在肢體的動、靜中，也呈現出生命的張力。

東漢陶俑技術熟練，表情更豐富

東漢的陶俑作品更具有人間性，這又比西漢人更跨進了一步。因此東漢陶俑的表情豐富，甚至有些稱得上誇張。這也代表東漢藝匠技術的進步與對土質材料的更加熟稔。

觀察東漢的說唱俑，我們可以透過那相當誇大的動作與形態，更清楚地看見他們面部的表情。從說唱者的整體狀況以及當時整體情感熱烈的彰顯，從說唱者手之、舞之、足之、蹈之的動作，表現他自身的完全融入，同時也將觀賞者帶入那熱烈的情緒裡。

尤其坐著的說唱俑，翹起的那隻富於表情的腳，呈現人體肉質的感覺，表現出人的親和力與人間性。還有那臃腴的腹部與垂下的乳房，似乎含藏了豐富的人生閱歷。在人情世故了透於心以後，仍充滿了同情、愛與歡笑。就如後世的濟公。

此外，我們再談兩張圖片。一張是陶塑，造型好像是今日的一男一女共乘一輛機車一樣，男的身子親切的微微前傾，女的則親密的微微的彎著頭。他們的臉部，五官幾乎全部省略，但卻又完全合乎生理結構。在這近乎後人的寫意中充分傳達了人間男女的真實情意，使觀賞者有餘地發揮自身的經驗與想像，而後創造更大的藝術天地。

而最後這一張石刻，更是直接刻劃出男女兩人相吻的親熱圖像，也是在簡化的圖像與粗率的刀法中，直接表現人間至情。從漢人的陶俑與石刻，我們可以看到漢人藝匠的作品，保留了古人的樸質，但從秦的寫實走向寫情，漢人作品中共同最大的特徵就在這「情」字。只是這「情」是深沉、博大與真誠熾熱的。

而讀漢人的作品就當認識這「情」字。

花樣的年華・豐美的生命——唐三彩

＊唐三彩是中國陶瓷史、藝術史上的奇葩，早年因為是陪葬的明器，幾乎不見文字記載；直到清末王正廷與建汴洛鐵路，破壞無數古墳，唐三彩才隨唐墓出土，而有如出水芙蓉般，出現在人們的眼前。

據說世上有一個國度，是以黃金鋪地，以金銀珠寶裝飾各種欄杆、樹木，又用金銀、瑪瑙、琉璃、赤珠、玻璃等七種寶物砌成水池，池裡充滿澄潔、甘美、清涼的功德水。水底則是鋪滿柔細的金沙。

池裡的蓮花大如車輪，泛著青、黃、赤、白的顏色。池邊、天上還飛著各色各樣豔麗的鳥，依時用著清亮曼妙的聲音，演唱著佛說的妙法。

這是佛教淨土宗、《阿彌陀經》說的「西方極樂」世界的景象，為千古以來的人們所嚮往。

唐三彩絢麗的色彩，表現唐人浪漫熾熱的情懷

唐朝，中國歷史上一個近乎無可跨越的高峯，似乎是依著《阿彌陀經》上「西方極樂」世界去建造的國家。以致舉凡政治、軍事、外交、經濟、科學、哲學、宗教、藝術、學術無一不蓬勃的發展。而詩歌、繪畫、舞蹈、音樂、雕塑、陶瓷、建築，無一不精美絕倫。

唐朝有如盛開的牡丹或芙蓉，展現在春日麗空的豔陽下，絢爛多彩，美麗非凡。這有如花般美麗的時代，「美」，似乎可代表整個唐朝及其人們追求的理想。

就如馬的雕塑，在唐朝牠不僅有著秦馬內力會蓄充沛的能量，也兼具漢馬齜牙咧嘴，隨時可奔騰躍起的動勢。只是唐馬不再具有那股原始野蠻的氣息，代之而起的是一種成熟、優雅、雍容的美麗。牠不只是天上奔馳的神龍，也是含蓄、包容和靜定的大地。唐馬，尤其是唐三彩中的馬將這份飽滿、凝鍊的美做了完整的陳述。使得從秦漢以來的戰馬，轉向為豐美人生的寫照與美的符號。而唐三彩則是中國陶瓷史，也是藝術

史、美術史上的奇葩。

早年因為它們只是陪葬的明器，幾乎不見於任何文字記載。逮清末王正廷興建開封至洛陽的汴洛鐵路，破壞無數古墳，唐三彩才隨著唐墓出土的遺物，有如出水芙蓉般地呈現在人們的眼前。

它絢麗多彩的顏色，自內揮灑出來的線條與斑點，活潑生動的造形，比往日更具有寫實的身體與神采，直接充分地表現出唐人浪漫、熾熱的情懷和整個大唐時代的精神。

唐人以既誇張又寫實的手法塑造胡人形象

就以三彩中的武士俑，原本是佛教造像中的天王形象。他肌肉緊張，身穿盔甲，揚眉怒目、腳踏夜叉，在舉手投足的動態中，顯出勇猛、剛烈、威武的氣勢。

天王原本是佛教中護法的天神，而今卻走進了人間的墳墓，為人類負起保護靈魂的責任。這在任何時代沒有人敢於如此唐突與大膽。此外胡人牽馬俑，胡人騎馬俑、非洲黑人俑以及擔負著貨物的駱駝，更表達出中國與世界各民族的往來。當時的長安有如在地球的中心，一如太陽的十二道光芒奔向東南西北各地，帶動著全世界，也吸收、消化、融溶世界各地的色彩與訊息。唐人用既誇張又寫實的手法，塑造出胡人的形象，滿嘴絡腮鬍，過分圓大的眼睛，還有那直楞楞的眼神。這其間似乎透出幽默與俏皮。表示出這些胡人奔跑來往於世界各地，見多識廣之餘，對人世間各種現象所給予的體諒和趣味的賦與。

唐・三彩馬球仕女俑
（台北故宮博物院藏）

唐・三彩增長天王像
（台北故宮博物院藏）

唐・三彩人馬俑
（台北故宮博物院藏）

這裡我們甚至還可說，代表著不同民族相互融溶，合作的表情。其間沒有痛苦、掙扎、憎恨的痕跡。

唐三彩中，似乎也少有如漢代那樣百物具備的明器陪葬，諸如陶豬、陶羊、陶雞、陶鴨、豬圈、羊圈或穀倉陶藝等器物，不過倒是有許多色彩鮮麗、變化萬端、造形飽滿或如花般的壺、罐、缽、盤，以及獅、鳥、駱駝、馬等大型動物。

唐人對色彩的掌握、燒窯、溫度的控制似乎淋漓盡致、出神入化。他們手上有如拿著一根彩色的魔棒，可以任意揮灑而自然成章。

唐・三彩女立俑
陝西歷史博物館藏（作者提供）

其間最精彩、最具體表達出唐人對人的肯定，對世間的肯定，對美好生活的肯定以及對「美」的追求與嚮往，莫過於樂舞俑和女俑了。

樂舞俑直接呈現唐人的美好生活

樂舞俑是直接呈現唐人美好生活的作品，也是唐俑中最為活潑生動的一群。藝匠們善於捕捉舞蹈過程中最好的瞬間加以表現。

他們用寫實的手法，把或急、或緩，或抬頭、或低首俯身，各種靈巧的身段栩栩如生地加以表現。

有的時候，他們甚至在一隻駱駝背上乘載五個或八個小樂舞俑，各人手執樂器，或唱、或吹、或彈、或舞，使無聲的雕塑，轉而有著樂歌和鳴的喧鬧，如此再配以明麗多彩的釉色，真是極耳目視聽的大樂。而唐三彩中，最膾炙世人的該是各種各樣體態豐腴、面頰嬌美、溫婉而又柔媚橫生的女俑了。

唐朝初期的女俑，尚繼承六朝以至隋的纖細、婉約。到了開元、天寶以後，豐腴、柔媚又雍容、典麗、優雅的形象，幾乎成為美的具體象徵。

不論是侍女，或貴婦的面部五官都極為娟秀、姿態輕鬆，柔軟而坦蕩蕩。她們梳著各種髮髻，穿著各式彩服，或站、或立，有的甚至騎在馬上，無一不是美的化身。

在這裡我們看到唐人透過美，全面擁抱著生命，抒發著個人的情感，追求著自身的理想。這和漢人合力探索著「善」，全面展現宇宙中的力量迥異。

漢唐同是盛世，但因人們追求的理想不同，以及身處的時間不同，因之展現出不同的面貌。而我們可說漢是以人為主的主動力量的建立，而唐則在花樣的年華中，展現了豐美的人生，為中國開創無可替代的盛世，也為世界帶來一個豐美人生的見證。而唐三彩則是這見證中的見證。

玉潔冰清——似水柔情的宋瓷

*宋人似乎藉著宋瓷，將人們帶入一個精準的內心世界。他們似乎讓我們看到世上有一種美，是將形式減到最少、最低、最單純的狀況，而人們的心靈視野卻因此獲得無限的擴大，達到冷靜純粹的境界。

冰肌玉骨，自清涼無汗。水殿風來暗香滿。繡簾開，一點明月窺人，人未寢，欹枕釵橫鬢亂。起來攜素手，庭戶無聲，時見疏星渡河漢。試問夜如何？夜已三更。金波淡，玉繩低轉。但屈指西風幾時來，又不道流年暗中偷換。

這是名滿天下大文豪，蘇東坡的〈洞仙歌〉。

冰清霜潔，昨夜梅花發。甚處玉龍三弄，聲搖動，枝頭月。夢絕金獸爇，曉寒蘭燼滅。更捲珠簾清賞，且莫掃，階前雪。

這是宋時隱居在杭州西湖小島上，以梅為妻，養鶴為子，而傳名千古林逋的一首詠梅詞。**宋朝呈現永恆靜定與凝聚的美學**打開宋人的歷史，像這樣清空靈雋，而又深情款款、超乎塵埃的詞意與詞境，似乎遍滿在宋人創造的世界裡。

尋求真實的探索與內在的定靜

世界是變了，從漢人的英雄有力的創造時代，經輕靈曼妙的魏晉，進入絢爛華麗的唐朝，倏忽間，這一切都不再存在。誠如佛教《金剛經》中所說：「一切有為法，如夢幻泡影。如露，亦如電，應作如是觀」。中國人真的開始沉靜下來思考，什麼是真實的人生？什麼是真實的世界？

大學之道，在明明德，在親民，在止於至善。知止而後有定；定而後能靜；靜而後能安；安而後能慮；慮而後能得。物有本末，事有終始，知所前後，則近道矣。

儒家經典、《禮記》中的《大學》，也在這樣的思考中，重新回到了人間。人們在尋求至善，而至善的起點似乎起於人內在的「明德」。於是宋人由外而內，有如西方當代影片《聯合縮小軍》般的進入人體的內在，震驚於人類內在世界也如此豐盈浩瀚。

從這裡，再抬頭看周遭，人們發現世界真的不一樣了。那原本光燦奪目如太陽般的色彩淡退，代之而起的則是一份如月亮般瑩潔的光輝。原本外放跳動的力量消失，呈現的則是永恆的靜定與凝聚。

宋人抬起頭，微張著眼，深深的張望，並觀察著這世界，以及身邊的一切，希望較之以往更能見到，碰觸到周邊世界萬物內在最真實的一切。

宋朝理學的開山周敦頤先生在其名著太極圖中說：「明天理之根源，究萬物之終始」。而邵雍則直接教人，「觀物當觀之以理，而非僅觀之以心」。「心」、「物」到了宋朝有了進一步的結合。藝術上寫實與寫意的表現，因而也有了更大的發展。

宋人的文化、藝術似乎不再受到國勢衰微的限制，反而昌盛壯大起來。如此而將中國再帶入了另一個令後人瞠目結舌的高峯。

宋儒的理學是總括集結從先秦而下兩漢、經魏晉隋唐、玄學佛學重新融熔鑄造，而又回歸到中國以「人」為本位，以現實生命為出發的哲學思想中。

宋人的藝術則是對這思想、心智以及對宇宙之理的具體掌握。

宋瓷將人們帶入一個精準的內心世界

就以宋瓷而言，舉凡所謂的五大名窯即可為例。北方繼承了唐白瓷的定窯，就像洗淨鉛華，除去華服，將一切人為裝飾卸除得乾乾淨淨的少婦，一張素淨白皙的臉龐，一身素淨簡單的衣裳，清雅、纖細、亭亭玉立的站在清遠幽靜的平原上。

而「天目」的黑釉，竟然透過精確的釉質和調理，展現夜晚閃爍著星光無極的天空。當我們仔細凝視時，不論是碗或瓶，我們似乎坐上太空船快速遊航在太空中，望著群星在我們身邊迅雷不及掩耳的滑過。而吉州窯碗中的剪紙、瓶上黑白的刻花，更將趣味乍現在原本欠缺變化的黑褐釉上。

哥窯的冰裂紋不僅為我們帶來一世清涼，也讓我們看到沒有鮮麗的賦彩，只有一些粗細、深淺交錯的裂線。而他們竟然也活脫脫地深入我們的內心世界，與我們貼得好

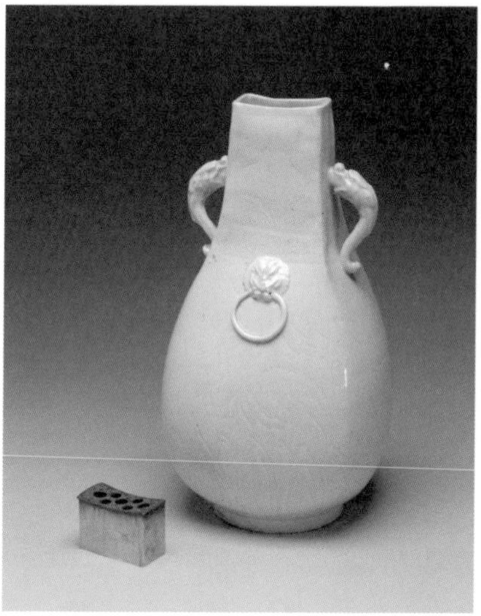

宋・定窯・白瓷鋪首龍耳方壺
（台北故宮博物院藏）

北宋・金・定窯・白瓷印花瑞獸紋花式（台北故宮博物院藏）

宋・定窯・白瓷劃花蓮紋梅瓶
（台北故宮博物院藏）

北宋・定窯・白瓷瓜稜罐
（台北故宮博物院藏）

近、好近，以至忍不住想伸手輕輕的觸摸、撫慰，以表達我們內在被挑起的感動。

龍泉的翠綠有如其名「龍泉」一般。那有如一泓深不可測的山中青潭，可能真是世上變化莫測神龍的家鄉。

龍泉釉有著高度的結晶性和透明性，光照在釉上，會曲折的內轉，使一個簡單、具體、有限的器物，在這光的變化下，呈現無限的幽深。

而鈞窯以神祕的海棠紅和玫瑰紫，將人們帶入夢幻般的世界，面對它們則有如面對千變萬化的彩霞。而汝窯以乳白的蔚藍表現一簾似霞的幽靜，一如宋人張炎在他的〈探春慢〉的詞曲中的：「銀鋪流雲，綠房迎曉，一抹牆腰月淡。暖玉生煙，懸冰解凍，碎滴瑤階如霰。」

除了這些名窯，宋人還有如玉的「影青」（指南宋在杭州附近所燒的官窯，而後江西景德鎮亦有製作），在它纖細、薄巧、晶瑩透澈似有似無的釉色中，中國人到此時，似乎已將大地、泥土化為冰清玉骨、纖塵不染的世界。

此外，還有流行於民間、表現出宋人市民階級活潑的生命力的磁州窯，他們將染布上的花繪，塗繪在白瓷瓶上，不僅有黑白強烈的對比，更有生動有力、美術繪畫性的生機。而遠處陝西的耀州窯，更以其精準的結構，流暢而有力的刻花，表現出深沉博大的精神。

宋人似乎藉著宋瓷，將人們帶入一個精準的內心世界。他們似乎讓我們看到世上有一種美，是將形式減到最少、最低、最單純的狀況，而人們的心靈視野卻因此獲得無限的擴大，達到冷靜純粹的境界。

進而人的情感、人的善意、人深潛於內在的精神能力，同樣可轉化為「美」的素質、溶入呈現在藝術的創作中。使人內在與外在藉著藝術的創作合而為一，達於至善。

宋朝不只在藝術的創作上達到了一個人類世界高峯，在科學上同樣也達到了一個世

北宋・汝窯・青瓷盤
（台北故宮博物院藏）

北宋・耀州窯・青瓷印花菊花碗
（台北故宮博物院藏）

宋・哥窯・灰青繫耳三足爐
（台北故宮博物院藏）

界的高峯，這是宋人「格物」的成果，同時也是宋人知止而後有定的成果。

宋人的「詞」展現了宋人嚮往、追求，與感受到的世界。所謂「錦繡一片、無限江山」。而宋人的「瓷」，則更具體、直接地呈現那份因內在的凝鍊而有的玉潔冰清、似水柔情。

卷四

靈動的書畫之美

靈動的線條·飛躍的生命
——魏晉南北朝的書法藝術

＊中國是世界上最具歷史傳承性的古老民族與國家，因而文字起源也相當早。根據近代出土的資料，遠在殷商時代，中國文字已極具規模和成熟。

今天我們根據甲骨文的形態，就可知道商朝不同時代的書法風格，而且配合史實知道時代、文明的興衰。

西周則是以鑄造在鐘鼎器皿上的文字為主要的代表，而其書法風格也大致可分早、中、晚三期，各期有它不同的表現手法和審美情趣。春秋戰國、王綱解紐，是人性有意識覺醒的時代。書法文字也因而從西周時期的莊嚴、凝重變得輕逸秀麗，呈現裝飾性的藝術風格。

東漢人好立碑碣，千姿百態的書法，走向藝術領域

秦始皇統一天下，為了因應新時代的需要，將從西周而來筆畫複雜、嚴整厚重的大篆，改變為用筆圓轉，結構勻稱，筆勢瘦勁，形體典雅舒寬、長方的小篆，並將它推薦為當時中國的標準書法。而秦的宰相李斯似乎也成為中國書法史上第一位具有代表性的書法家。

漢初繼承了秦制，小篆當然即成為官用文書。但是隸書已逐漸流行於民間以及中級官用文書上，甚至一般經籍的抄寫、碑刻都用較簡便的隸書或從隸書稍加變化而出的草書。後來人們稱為「章草」。

東漢，隸書隨時代一躍而上，成為這一時代書法文字的主流。東漢人好立碑碣，隸書更成為碑碣整體設計的一部分。什麼樣形狀的碑碣就有與之搭配的隸體，真是千姿萬態，書法蔚然走向藝術的領域。

魏晉南北朝，這在中國歷史上，從政治的觀點上看，是個黑暗的時代。從社會的角

漢・乙瑛碑（台北故宮博物院藏）

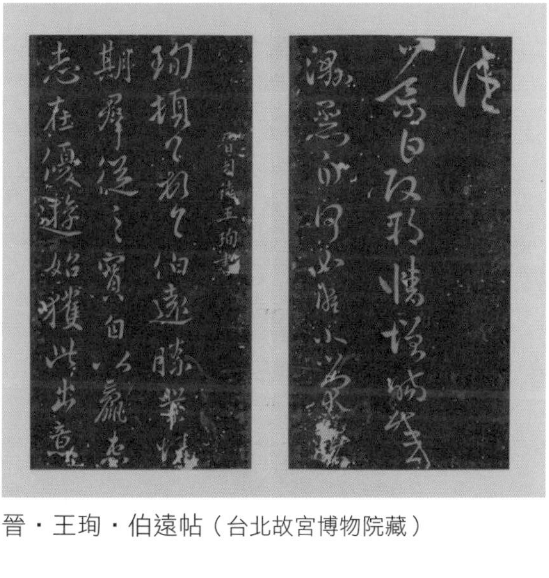

晉・王珣・伯遠帖（台北故宮博物院藏）

度上看，則是個動盪不安、戰火連天的時代。

今天我們從當時著名的隱逸詩人陶淵明〈歸去來辭〉的小序中，可以清楚地讀到他因戰爭而不敢遠離家鄉到外地工作，雖然他的隱逸並非是為了躲避戰爭。

不過當時的人們，不論貴賤，所面對的現實世界，的的確確是個失去理想、沒有生命信念，只有貪婪、殺戮和死亡的世界。甚至兩漢所提倡的儒家與經學，也一變而成為政者行政的工具和殺人的藉口。

書法隨心靈的甦醒而解放，由平穩轉入行雲流水

於是在此擾攘不安的紊亂中，人們在無路可尋、無可逃避於天地間的情況下，重新思考存在的意義、生命的價值，還有什麼是真正的自由？

原本在中國學術思想中，儒家是從正面肯定「人性」、「生命」以及「存在」的價值，甚至要人們在堅苦卓絕中知其不可為而為之的殺出一條血路——所謂殺身成仁，捨生取義。但是這畢竟不是一條人人可循的大道。

相對於此，莊子、老子則開闊多了。他們將人們帶離現實的人世間，而進入整個遼闊無際的宇宙自然中。

莊子〈逍遙遊〉裡，大鵬鳥一飛沖天，劃破了人世的極限，進入無邊無際的太空。達到「天地一體」、「萬物渾然為一」的「神人」境界。「神人」是莊子的理想人格的展現，是人們將自己的心靈世界與有限的軀體做了最大的開發與拓展結果，因而人們有能力隨應外在世界的變化而逍遙自在。

老子更從這變化無端的世界中，歸納出永恆不變的規律。譬如「有與無」的交相反應，「動與靜」、「成與毀」、「善與惡」、「美與醜」等相反相成的關係。以至在總總芸芸、萬物並作的無限發展中，卻又歸根返始的永恆性。只要我們認識這規律，並掌握這規律，人就能進入這宇宙的長流中，天長地久而生生不斷。

《易經》，尤其是〈繫辭傳〉，更是秦漢之際的學者匯集了先秦各家談宇宙論的學派，從莊老到陰陽、五行等各家的學說，而後又回歸到儒家，以求在這剛健有力、變化無常、剎剎生新的宇宙裡求得「與時俱進」安身立命的法則。

於是《莊子》、《老子》、《易經》，在魏晉南北朝時代，成為人們重新思考人性、生命、存在的新起點，因而也成魏晉南北朝人的新理想、新信念。他們稱這三本書，以及這書中的內容為「三玄」。有了對「三玄」的體認與瞭解，就可以不再受困於現實世界與有限的軀體。

雖然有些人還在求仙、煉丹，期待長生不老。但是從整個心靈上來講，人們已再次獲得解放，並觸及到自由的真諦。

人們似乎開始意識到人類最根本的拘束，其實是來自世俗的禮法自身的觀念和既定的心理反應。放開這些，人們的真實生命就會飛躍而出。

於是書法文字隨著心靈的甦解和飛躍的生命，由平穩典雅的隸書，一變為行雲流水的行書與草書（後人稱這時期的草書為今草）。

魏晉南北朝時，書法才成熟完成

行書與草書，我們可說這是魏晉南北朝時所有藝術中最大的成就。而這是那個時代的中國人從生生不息、萬化流行的宇宙中，根據自身生命心靈的覺悟而體現出來的具體表現手法與基本形式。

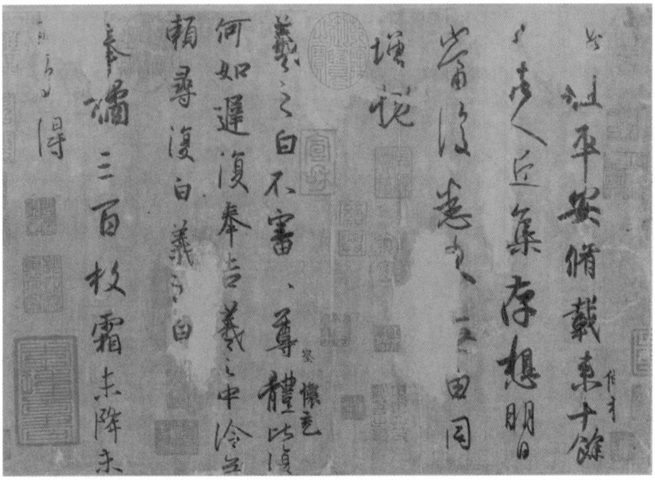

晉・王羲之・平安何如奉橘三帖
（台北故宮博物院藏）

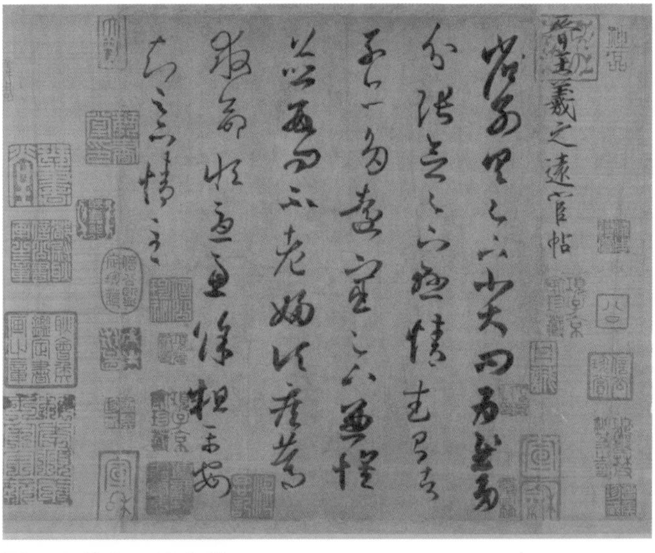

晉・王羲之・遠宦帖
（台北故宮博物院藏）

今天有人說：「中國藝術是線的藝術」。從彩陶的繪飾，到部分玉雕、青銅器的刻紋，中國早在極古老的時代，就有這樣的偏向。但是將線做了充分的體現，並給予其基本藝術、美學理論，使之成為一切藝術的基本構成元素，則是要到魏晉南北朝書法的成熟才完成的。

換句話說，魏晉南北朝的人們，在「三玄」的探討中，在自身生命的覺醒裡，確實體認到宇宙大道中那剛健有力又流動非常、有如線條變化的宇宙真象，因而表現此真象的莫如書法的線條。

線條可自由的伸張、流動和飛躍。它有自身獨立的生命。它縮減則成點，擴大則成面，拉開則構成形，並展現不同的風貌，表達各種不同的性情。

它寫成書法，則可遊走在二度空間與三度空間之間，使原本只平鋪在平面上的文字，可如太空中灑落的星體，呈現宇宙中最深邃渺遠的空際。

同時，人們可以透過書法，將自身內在最幽微的情意做淋漓盡致而又最具體的表達，又可以在無象之象、無形之形中，對宇宙萬象做最大的寫實。

王羲之的書法猶如高明的拳師打醉拳

誠如魏晉南北朝中，也是中國有史以來最偉大的書法家王羲之的字，在他左傾、右側、上飛、下躍的各種變化中，他始終呈現那均衡、萬變不離其中的力道。有如高明的拳師打出醉拳、太極拳，不論如何左移、右挪，東倒、西閃，其中心永遠屹立不搖。字在他手上呈現了宇宙的常形，線條在他的指揮下，變成與人心、自然相通，具有魔幻靈動和生命的線條。

羲之的字是集自古以來中國書法文字的大成，因而給後世提供了既抽象又寫實，既具體又無形；既變化又規律，既單純又複雜的美的造形，也使後世藝術上所謂「書畫同源」，或「援書法於繪畫」的美學理論有了堅實的基礎。

魏晉南北朝從政治上講雖是黑暗的時代，睿智的中國人卻能從中展現智慧，開發出新的世界。中國文化、中華民族，於焉又有注入了生生不息的新機運。

渾融蒼茫・空靈遼闊——文人畫

＊經歷唐朝燦爛的文化藝術與佛學洗禮，宋朝山水畫一如宋瓷，展現中國人透澈晶亮的心靈。而兵馬倥傯的元代，在高壓禁錮的政治體制中，從寫實、精準的世界中解放出來，帶著王羲之飛舞筆法入畫。到了明朝，畫家的筆畫更奔放，更不拘物象，並將儒釋道三家融入，重現了渾融的生命力與創造力。

空山不見人，但聞人語響。
返景入深林，復照青苔上。

這是唐詩佛王維的一首詩。王維自己在畫論中說：「夫畫道之中，水墨最為上，肇自然之性，成造化之功」。

於唐朝繽紛的文化之後，宋朝在佛學洗禮下，重建清瑩剔透的精神理念

唐朝是中國自漢以來，古典文化最燦爛成熟的階段。一切文化、藝術的表現有如春花般地美豔。唐朝繪畫不論是佛道、人物、山水，基本上是重彩，其中李思訓父子的金

唐人宮樂圖
（台北故宮博物院藏）

唐人文會圖軸
（台北故宮博物院藏）

碧山水至今仍眩人心懷。

而王維在佛學「色不異空，空不異色；色即是空，空即是色」的引領下，更進入禪宗「自性不染著」、「心但無不淨」的「自性內照」的清淨世界，獲得空、寂、閑的禪悅與法喜。這在繽紛燦爛的唐朝，的確是異軍突起。

宋朝在佛學的洗禮下，透過內在深沉的理性思維，重建了清瑩剔透的精神理念。山水畫一如宋瓷般，也展現了這一時期中國人透澈晶亮的心靈。

王維的心似乎也穿透了時空和宋人的心緊緊結合在一起。他們一起努力尋找更接近本質的事物，以及探索心靈自我的更大解放的可能。於是詩人蘇東坡、畫家文同，學者兼書畫家米芾、黃庭堅發表了他們革命性的言論，說明繪畫的目的不在表現物體的外形，而是表現內在深沉的心靈感受，進而展現讀書人的內在氣質與個性。

元人以遲澀鬆放的筆墨，捕捉遼闊心靈空間

元朝是中國近代史上一個翻天覆地的時代。不僅是中國全然淪於異族的鐵蹄下，中

國知識分子更被品列於妓女之下，乞丐之上的等級。尤其是原本隸屬南宋的漢人更是被賤視的對象。面對如此的天地，幸好人們還有一片清幽純靜的世界。這就是人自我的內在。

遠在烽火連天的戰國，莊子已為我們開出這片神思清朗的空間。魏晉南北朝時，陶潛高唱「結廬在人境，而無車馬喧。問君何能爾，心遠地自偏。」因而他能「採菊東籬下，悠然見南山。山色日夕佳，飛鳥相與還。」而後禪宗更為中國灑掃出一片天空。於是王維、蘇東坡等，就以遲澀、鬆放的筆墨捕捉遼闊無限的心靈空間。

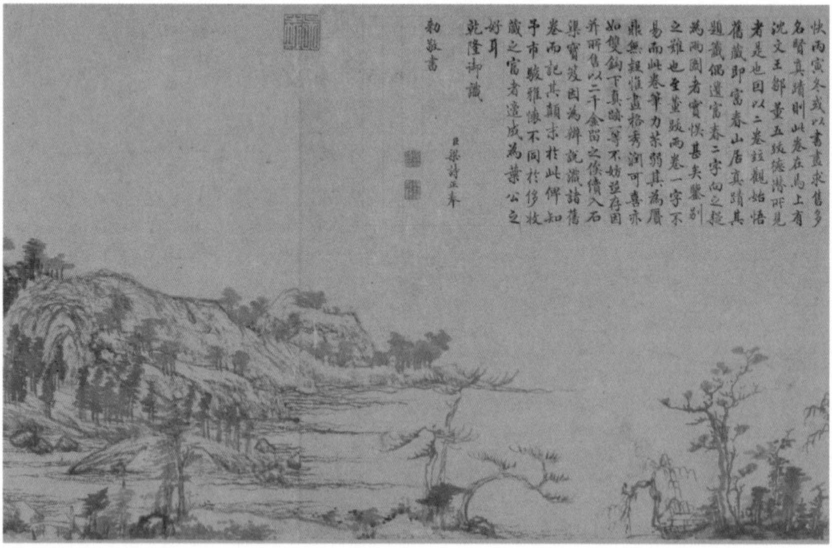

元・黃公望・富春山居圖 卷（局部）
（台北故宮博物院藏）

其實宋人的畫除了蘇東坡等文人畫家外，原本繼承唐人寫實的畫風更形精準。尤其在北宋徽宗親自領軍的畫院，「真實」、「準確」成了繪畫絕對的標準。

元人從趙孟頫開始，則隨著這份心靈世界為中國文人畫開闢出一條新的道路，也創造出一片新的世界。他繼承了王維、蘇東坡等文人的觀念，從寫實、精準的世界中解放，有如元人從元政府高壓、禁錮的體制中解放出來，帶著王羲之飛舞的筆法入畫。

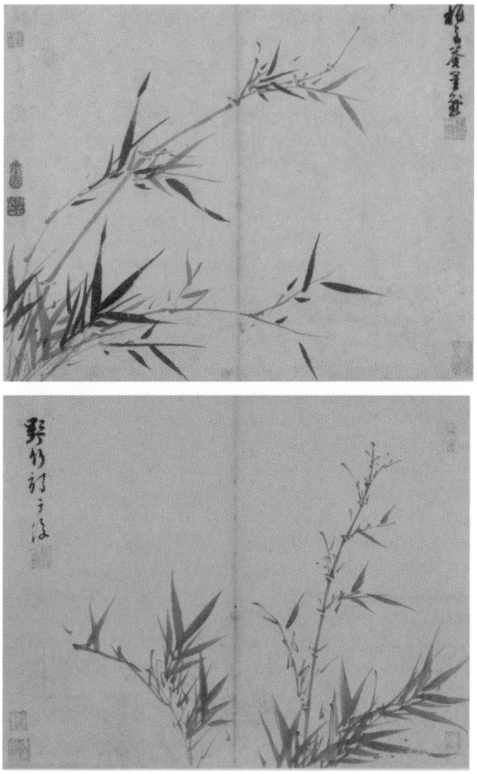
元・吳鎮墨竹
（台北故宮博物院藏）

質言之，畫家們可運用筆法的迅疾、徐緩；重擦、輕拂；滋潤、枯澀；豪邁、緊飭；蒼勁、秀媚的各種變化表現宇宙中的節奏，同時也抒發自己內在各種不同的情感，使繪畫、圖像具有更深沉的蘊含。他同時還開創在半生紙上，同淡墨乾皴或飛白如筆法畫山水，使得畫面渾茫含蓄，平淡天真，展現了山野自然中蒼茫幽香的意境與詩境。

元代後期的文人畫家如黃公望、吳鎮、倪瓚、王蒙，就根據了這份新的皴法和筆觸，去描繪景物，也寫出心中自己對所處諸世和亂世的看法，以及出塵避世的願望。

他們的畫各抒發襟懷，空曠渺遠、渾厚蒼莽，把詩文的意境和哲理融合，也把形象、構圖與書法的筆趣和動態融合，達到所謂詩書畫三者合一的境地。外界的動盪、苛酷的政治、坎坷的命運，在他們的心上、畫中似乎看不見半點沾染。空、寂、閑的禪悅與法喜，隨著王維飄灑到元人的山河大地上。

元・倪瓚・桐露清琴　軸
（台北故宮博物院藏）

儒釋道三家，沁入明朝文人畫中，重現渾融生命力

明朝雖是漢人朱元璋建立，只是，明太祖朱元璋雄猜苛酷。黃公望為吏下獄，吳鎮終生潦倒，倪瓚混跡編氓，隱晦避禍。而王蒙則只因為曾在宰相胡惟庸府觀畫，也就被羅織冤死獄中。

是以明人一則繼承了元人文人寫意畫的風格，二則在筆法、畫意之間，更進一步走向自我的內在，抒發來自個人性靈的感受。

明朝真正的讀書人幾乎都不做官；他們隱居鄉村，從吾所好，全面追尋自

明・沈周・荷花與蹲蛙
（台北故宮博物院藏）

己內在心靈的解放。而所不同於元人、宋人的，是他們更落實在現實的人生中，而非僅追求著理想。

儒家這全面肯定人生，想要充分享有人世倫理親愛、親情的心思，又靜靜的沁入世人的心裡，明朝的畫家們也就在禪悅的法喜中，加了添親人間親愛的甜蜜。

在明朝吳門畫派聲名最為顯赫，畫家們活動的歲月最為長久。吳門畫派畫宗多是文人，他們接受良好古典經、史、詩文的教育和書畫藝術的陶養，他們也注重自我品格的修養與完善。他們更以清真高韜的人格精神為師表。

明・沈周・蘇州山水全圖
（台北故宮博物院藏）

明朝在哲學上有王陽明提倡的心學，要人將自我完全開發，將自己順應內在的善性，全面淋漓盡致的活出來。他說：「良知是天理之昭明靈覺處，故良知即是天理。」又說：「人心與天地一體，故上下與天地同流，」是以「物理不外吾心，外吾心而求物理，無物理名。」

吳門宗師沈周以繪畫說明了這份哲理，他說：「山水之勝，得之目，寓諸心，而形於筆墨之間者，無非興而已矣」。吳派畫宗們強調山水繪畫在創作時，內心感受的重要性，主張「遣興移情」、「物我合一」。

文人畫從唐朝王維「空」的追尋，歷經宋、元至明，已降落大地，直接展現江南的山村水鄉，園林勝景、或讌客或讀書，或放棹或耕作，無一不在畫家文人的生活經驗中，也無一不在傳達畫家文人平和愉悅、寧靜優雅的心。而此心境有著莊老的空靈、佛家的禪悅和儒家仁愛的親暱。

於是除山水畫外，松、竹、菊、蘭、梅花、水仙也都成為畫家心靈的寫照。畫家的筆墨更奔放，更自由，更不拘泥物象。錯錯落落、點劃披離，中國就在這山水、花卉、書法線條的紛紜繚繞中獲得滋潤，得到解放。原本分立的觀念如儒釋道三家也在此渾融一體，再顯中國融溶的生命力與創造力。

寂靜的春天——清朝的藝術

＊「乾隆御製」這四個字，對凡是愛好中國藝術，或常跑故宮的人一定非常熟悉。我們常在許多藝術品，尤其是書畫上，看見他所鈐的「乾隆」印章，可說是清朝的代表。

從清代嚴格管理的政治中，透出藝術與美感尋求的走向

乾隆御製《書程頤〈論經筵箚子〉後》有云：

夫用宰相者，非人君其誰乎？使為人君者，但深居高處，自修其德，惟以天下之治亂付之宰相，己不過問，幸而所用若韓、范，猶不免有上殿之相爭；設不幸而所用若

王、呂，天下豈有不亂者？此不可也。且使為宰相者，居然以天下之治亂為己任，而目無其君，此尤大不可也。

這段文字是乾隆皇帝讀北宋大儒程頤，教導北宋皇帝如何做好一個帝王的感想。程頤的意思是根據中國自古以來的傳統政治思想，要皇帝修德行，至於國家大政則交付給宰相，所謂無為而治。

乾隆深不以為然。他提出任用宰相的人是皇帝，怎麼可以無為而治，把國家的治亂交付宰相呢？即使說，宰相用得好，如北宋時曾任韓琦與范仲淹這二位千古好宰相，他們還不免常有爭議。待後來用到王安石、呂惠卿，只一味的實行新政，不切實際的尋求改革，結果造成天下大亂。當然，更糟糕的是，竟然讓宰相獨攬行政大權，以致其目無君長。這是大逆不道，絕不可以。這也是說清朝的政權必須在皇帝的手裡，國家、社會最好不要改革。

這篇文字談的雖是政治，其實也正好透出整個清朝的政治訊息、社會風氣，以及藝術走向和美感的尋求。

清朝皇帝是以異族入主中國，雖然他們比之南北朝的跖拔氏，元朝的大汗更深入中國，漢化得也更為徹底。但是也因為如此，他們對中國的統治也更形嚴苛而周密。舉凡政治、軍事、經濟、文化、學術、思想、倫理、道德，以至藝術等一切「人」的活動，無一不經過嚴格規劃、管理和審查。

就如到今天舉世聞名的四庫全書，在當時固也是件偉大的學術工作，但內在更深層的目的，則是消除違反清朝利益的言論。清朝一切活動都規格化、系統化。一切活動的終極，都是以清朝的政治掌握與穩定為唯一的目的；因此人們必須驅除內在的生命躍動，以達內心完全的寂靜。因這樣政治也才能穩定。

清朝的文化藝術大都因襲古代

是以清朝一切的文化藝術的活動不再是有創新，他們只能因襲古代，擬古、仿古成為最重要的創作活動。在學術上，人們講的是考據、訓詁，是從故紙堆中查尋各種資料，再則也就是編理各種「類書」以為著作的成就。

在文學上，人們重新恢復後魏晉南北朝的小賦和駢文，抒發著一己的小小情懷，賣弄著輕巧流麗的文字技巧。然而眾人都小心謹慎地避免觸犯清朝的文字忌諱，以免再興文字獄。

思想上，人們更是避開深入的反省和思考，只求循規蹈矩，依著清朝所標榜的樣榜、活著、感覺著，一切都有現成的標準。哪怕是生命的形式，自我的存在，心靈的理想，卻不容許再發展、再體驗、再創造。

社會上，從王公貴族，到眾庶百姓，大家只要在現實世界求得富貴利達，福祿壽子，這也就是人生最大的幸福與鵠的了。

是以清朝的各種器物、工藝上，處處都裝點著吉祥如意的圖，表達福祿壽子的祈願。整個社會沒有了理想，欠缺了深度。一切都世俗化，庸俗化。「美」，僅以華麗、富貴的裝飾為主，同時在華麗富貴的裝飾之外，傳達出一份看似寧靜，實際只是深沉的寂靜。

看看清朝有名的工藝景泰藍。它可說是清貴族的新寵，那鮮麗的色澤，繁富的圖案，金碧輝煌的光華，正表達出清貴族的審美情趣，也是滿州皇帝的愛好，當然也是乾隆皇帝的嚮往。乾隆時期，景泰藍最為繁榮，作品件件「圓潤堅實、金光燦爛」，作工超過明代色彩，有天藍、寶藍，還有粉紅、綠、黑，它們雖色調輝煌誇耀，但仍安靜、面目模糊的陳立，有如一個訓練有素的侍者，衣著光鮮，絕不會打擾你般地侍立在旁。

乾隆時期，藝術創作達高峰

乾隆皇帝的時代，是清的極盛時期，是清藝術創作的高峰，精彩絕倫的金銀器，以及五彩繽紛的瓷器，就質地、色彩、形式、設計、技術而言，跨越前代，成果非凡。只是它們沒有任何創造，它們僅在體制內以求更加成熟而已。

玻璃（琉璃）器在清朝也達到一個高峰，國際間所謂

清・王時敏・雲峰古寺
（台北故宮博物院藏）

清・王原祈・山村雨景軸
（台北故宮博物院藏）

清・王時敏・仿王維江山雪霽
（台北故宮博物館藏）

「中國玻璃」，是以康熙、雍正至乾隆時代的玻璃（琉璃）為主。那絢爛又溫潤如玉的製作，令人愛不釋手，只可惜它還是體制內的發展，沒有向外做任何拓張，呈現美麗優雅、安靜、沉寂。

玉器、乾隆工，這是舉世聞名且嘆為觀止的，不論大小、晶瑩剔透，讓人耽溺留戀，古人所謂奇技淫巧，清朝確是淋漓盡致的達到了。只是在精熟的技巧背後，所有藝術的表現都是悄然無聲。即使是繪畫，清初居於正統的四王—王時敏、王鑑、王翬、王原祈，他們也嚴格遵守董其昌的擬古、模古、仿古的主張，只強調線條的熟練與變化，而不抬頭用自身的生命與心靈去貼近真實的自然。即使是最具創意的王原祈，其所努力也只在形式，結構的設計與試探，沒有自然的喧鬧，中國的靈氣此時已不再生動。

清・惲壽平・桂花
（台北故宮博物院藏）

至於惲壽平的花卉、袁江變形的山水，也都輕忽、寂靜如夢幻。而後即使有郎世寧以西方繪畫技術的加入，清朝正統繪畫中的寂靜，夢幻如故。最具有代表性的焦秉貞的仕女、人物個個都如幽靈般輕悄飄立在空氣中。

清・惲壽平・燕喜魚樂軸
（台北故宮博物院藏）

清・焦秉貞・水村圖
（台北故宮博物院藏）

中國奔騰的生命力，在層層限制中，化成靜謐的湖泊

中國似乎睡著了。中國原本奔騰如黃河、長江的生命力，在層層緊箍的限制中，化成一圈圈靜謐的湖泊，像西湖悄悄的掩映在淡綠的柳絲垂蔭中。

繪畫上非正統派的四僧——石濤（原濟）、八大山大（朱耷）、石溪（髡殘）、弘仁（漸江）僅是這湖泊上的風浪。揚州八怪也僅是這湖泊上的狂飆。他們在繪畫藝術上雖有驚天霹靂的表現，只是大地依然靜寂、夢幻般的煙嵐依然飄浮在湖上。

中國在清政府精巧的高壓統治下，一切的發展都是體制內的發展。舉凡學術、文化、藝術的一切活動也都是中國原有事物中的再咀嚼。雖然有些作品較之以往有了更成熟更精絕的表現，然而有些卻成了糟粕。「美」確實是清政府想追尋的，只可惜他將中國化成了無聲而寂靜的春天。所幸這只是中國生命長流中的一個階段，而今湖泊的水隨著世界汪洋巨浪，又開始流竄，或而將來又將滙為長江、大河，澆灌在中國這古老又能年輕的大地上。

從文人畫談溥心畬、黃賓虹

＊在畫面上，溥心畬求其空、求其淨，求其不落半點纖塵；而黃賓虹則是求其密、求其濃，求其宇宙的悸動，生命的悸動。

文人畫，是中國繪畫上的一項特殊的門類，甚至文人藝術，也成為傳統中國的一項特殊的藝術及審美表達。

「文人」這一詞，要請特別注意的是，它並非指今天一般人所認定的純文學作家，或喜好純文學的人。中國傳統的「文」字，有很深的涵義。遠自西周，以至春秋，「文」與「聖」字是同等位階的「好字」、「好詞」，「文」是「文明」，是人類依生命需要發展而所做的創造。到魏晉時代，建安文學的倡導者之一曹丕，在他有名的〈典論論文〉中進一步說，文章乃「不朽之盛事」，將「文學」及文學的創造獨立出來。但這裡指的「文學」也還不是今天的純文學，而是創作者可以將個人情感表現在文章中。

只是這情感，並非是純粹個人的感情，或喜怒哀樂的表面情緒，而是深沉的生命情懷與感受，甚至是感悟。以至在建安文學之後，除了純粹言情之作，幾乎都是帶著哲思的文學作品。

我們今天看魏晉南北朝時代阮籍、稽康、陶淵明、謝靈運，還是唐朝李白、杜甫作品、韓愈、柳宗元，尤其宋代歐陽修、蘇東坡、曾鞏、王安石等，他們的作品更是如同生命哲學一般，在深沉感情之後，每每發人深思。

繪畫上更是如此，唐朝王維是著名的詩人，後世詩壇稱他為「詩佛」，與「詩聖」杜甫、「詩仙」李白並列。而他開始大量以水墨畫山水畫，創造出簡淡抒情的意境，這對自古以來以至盛唐時的山水畫，做了重大的變革。北宋時，蘇東坡看了王維的畫還說：「味摩詰之詩，詩中有畫；觀摩詰的畫，畫中有詩。」

文人畫的源起

北宋結束了五代十國的紛爭、動盪，致力於經濟文化的發展，這也有利於藝術的創作，首都汴京，畫家雲集，職業畫家相當活躍，此外宮廷也建立了翰林圖畫院，集中了社會上的名手和早期西蜀、南唐兩地畫院的畫家，加上宋代皇帝都愛好藝術，愛好丹青繪畫，是以宋代繪畫進入一鼎盛時期，而宋的文人士大夫也把繪畫視為文化修養、風雅生活的一部分。

十一世紀後半葉，汴梁城中的文人名士的詩文書畫活動非常活躍，他們代表的人物有李公麟、蘇軾、文同、王詵、米芾等人。他們都具有極為精深的文化修養，書法造詣，而繪畫都是遣興寄情之作，題材偏好於墨竹、墨梅、山水樹石、花卉。他們的藝術表達，只求自我主觀的情趣的表現，不贊成過分拘泥在形似上。蘇東坡說：「繪畫以形似，見與兒童鄰。」又說，傳神之妙，在於「得人的意思所在」。這些士大夫主張在藝術上表現，力求洗去鉛華，而趨於平淡素雅、清新天真，展現物象與人情的本質。

這主張影響到元的趙孟頫、黃公望、吳鎮、倪雲林、王蒙等，明代吳派畫家，沈周、文徵明、徐渭，唐寅、祝枝山等繼承，以至清代，這文人畫一路下來，並成為傳統中國繪畫的最重要的主流。而這些畫家，個個詩、書、畫都極好。因此他們的作品，幾乎都達到精美的地步，尤其是心靈的空境，不沾人間煙火氣。

文化內涵與美學

傳統中國文化從西周以來就重視人自我內在的探索，以「敬」、以「德」為人能知天，行天道的憑藉。「敬」是人聚精會神，專心一志，是人生命自我內觀的省視。而「德」是在生命自我內觀有所體得後的展現。所以孔子說：「人而無仁，如禮何？人而無仁如樂何？」「仁」是人生命中內在圓滿的體會，沒有這體會，禮樂能如何呢？禮樂，古代也泛指藝術，這是指藝術得有人生命的體會、藝術是人生命情意的流露。是以孔子又說：「詩三百，一言以蔽之、思無邪！」這用今天的話語說《詩經》三百篇，全是人生命情感的直接流露與記錄。（「思無邪」，古人解為「直出心臆」。）

而後即使經莊子、老子從「人」出發向前跨出，進入天地、宇宙、自然中，以「道」作為生命的真實、真理。「人」在藝術的展現上是「道」的展現。當然，「道」的展現在人的「體得」。是以魏晉南北朝在畫論上，有顧愷之提出「以形寫神」，宗炳提出「澄懷味道」、「含瑛味道」的美學觀。這是說：「藝術的創作與表現，在於人對道的深沉體會。」

這美學觀到隋唐再經大乘佛學「空性」、「萬法皆空」的洗禮滲透。如同人洗盡鉛華，直顯本質，王維就是最重要的代表，而後張璪提出「外師造化，中得心源。」概括了傳統中國以來繪畫創作論上重要的核心觀念。此下經蘇東坡、米芾、文同的推薦，而後竟然成為繪畫中的一個最被看重的流派，表現出人的最高精神意境。

只是文人畫經元明發展到高峯，到清朝，再經明遺老四僧——八大山人、石濤、石溪（髡殘）、漸江，進一步以意象為主，心隨筆運，不拘形式，一切在超乎現實之外，在似與不似之間，求取本質性的真似。這使文人畫有了進一步的發展。他們也集歷代繪畫的大成，並把顧愷之「以形寫神」的美學觀念發揮到極致，影響後世開出許多畫派。

此外，清朝畫壇還有正統派，也就是以王時敏、王鑑、王翬、王原祈為代表，他們又被稱為保守派。他們遵循明末畫壇領袖董其昌的主張，以「南宗為上」而董其昌是位典型的文人畫家。

董其昌當時借佛教史上禪宗分南北派之區別也用在畫史上，認為中國繪畫也分南北。他貶低北派，認為北派只是刻意的創作繪畫，過度的重視技巧，如同禪宗北宗是漸修而得的。而南派則如禪宗南宗講頓悟，具有天然和靈性，筆墨間有表達了強烈的情感。因此山水畫要具有文人的書卷氣，體現出創作者澹泊寧靜的心緒。所以，他特別推崇五代的董源、巨然、元朝的黃公望、王蒙、吳鎮、倪瓚。由於他的推崇，清初畫家心目中最推崇的畫家也就是這「元四家」，一切以這「元四家」為準。董其昌並又以元初南方文人畫領袖——趙孟頫的主張「師法古人」為繪畫創作的依憑。他們的繪畫被清朝統治者喜愛，為清朝官方肯定、提倡此畫風，因此成為宮廷繪畫的主流，於是仿效繼承者亦群起而形成大宗。

清初四王與四僧，其實都屬文人畫，只是「四僧」在家國變革下，做了深沉的反省，他們對所謂的傳統繪畫上的筆墨技法，有了突破與發展，他們以寫生、寫意為主，大膽展現鮮明的個性。四王的詩、書、畫同樣三絕，但只側重繼承，表現恬靜、幽雅的儒雅之風，他們不越出古人的規矩。他們一致提倡臨古，以致影響後世文人畫者，只求筆墨師承，謹守衣鉢、無所創作。清末文人畫大多已成僵化的作品，那時流行一句話說：文人畫的創作是「臨摹至死，至死臨摹。」毫無生機可言。

清末到民國以來，許多畫家力求變革，從十八世紀的「揚州畫派」和十九世紀的「上海畫派」，所謂「海派」以來到民國初年徐悲鴻、劉海粟，他們力倡將西方繪畫的元素、技法引進，以開啟對中國繪畫的影響。文人畫已成落伍衰敗頹廢的象徵。

遺世獨立、空靈的溥心畬

也就在這觀念風尚底下，有兩位各被認為是中國最後一位文人畫家。一位是渡海來台的溥心畬，另一位則是留在中國大陸的黃賓虹。

他們兩位都是集經、史、文、詩、書、畫於一身的文人畫家。聽長輩說：「當溥心畬先生知道自己得了癌症，而後他問醫生，他還有多少壽命？」當他知道，大約還有九個月壽命時，在治療中，他努力抄下自己對五經的註解及義理的看法，他認為這是他最重要的成就，其次，則是他的詩與文，至於書，尤其是畫，只是他的遊戲工作而已。

溥心畬雖然年幼七八歲以前就開始習畫，但真正學畫時，大概是隱居在戒台寺十二年的日子裡。當時並沒有老師指導他。只有臨摹家藏的古畫，有時還向他大哥溥偉借家藏的古畫來臨摹。他真是以古人為師，經長期的摸索，有所心領神會。他在自述中說：

余居馬鞍山始習畫。余性喜文藻，於治經之外，雖學作古文，而多喜作駢驪之文。駢驪近畫，故又喜畫。當時家藏唐宋名畫，尚有數卷，日夕臨摹……又喜遊山水，觀山川晦明變化之狀，以書法用筆為之，遂漸學步。時山居與世若隔，故無師承，亦無畫友，習之甚久，進境極遲，漸通其道，悟其理蘊，遂覺信筆所及，無往不可。

所以在論畫中，他也是主張摹古，不主張創新，更反對將西方繪畫的元素挪用進入中國傳統的繪畫中。只是他的臨古、摹古的方式，又不同於入清以來一般文人畫的臨古、摹古。

他在自述裡又說：

初學四王，後知四王少含蓄，筆多偏鋒，遂學董（董源）、巨（巨然）、劉松年、馬（馬遠）、夏（夏圭），用篆籀之筆。始習南宗、後習北宗，然後始畫人物、鞍馬、翎毛、花竹之類，然不及習書法用功之專。以書法作畫，畫自易工……。

他好畫松，松表現出他個人在時代變局中自己堅定的立場、原則、氣節、不阿世、不逢迎的獨立性，但也表現出他的孤獨與蒼茫。

他的松畫得極為精神，除了枝幹崛傲挺拔，宛若遊龍，有飛天之勢，夭矯屈曲之姿，其松針也針針透力而能盡情的彰顯挺秀、靈活。溥心畬的筆，看來似乎纖細、柔和，但筆筆有其內含的勁力與韌力，只是隱藏收容在線條之中。他許多細小稀微、細緻的筆法、皴法看起來似不經意，隨意點染，如蒼苔點，但仔細去讀來，筆筆清勁有意、點點精準有力，皆是躍動的筆勢與生命力。

他在自述中說：「寺中古松極其著名。計有臥龍松、自在松、通天松、活動松等。每一棵古松都依其姿態而命名。」他又說：「那枝活動松最妙，只要在它樹上撫摸一下，全樹的樹葉都會自動婆娑起舞動起來。他每月不論晨昏晴雨，盤桓觀賞了整十年之久，這又如何不與之物我交往，呼吸相通呢？」

這是溥心畬在摹古、臨古中有了「生生」之觀察、走向了「法天地自然」之道。他說：「畫松最能表現畫家胸襟性情。但點墨落紙，大非易事，必須『外師造化，中得心源』，然後虬枝翠蓋，與天地生生之氣，自然湊泊筆下，而多有奇趣。」

又說：「這些都是體驗出來的，就像科學研究試驗，要慢慢把道理尋出來。一言以蔽之，就是要思，思然後才達理。」換言之，他在摹古、臨古中，是有強烈的反思，深入觀察。

他觀察事物的景象，天地四時的變化，天空中的明暗、清淨，也觀察自己。他在觀察自己之中，並藉著對儒家的虔誠禮敬超脫出許多貪、瞋、痴無明的障礙。是以他的畫的意境，總是超然物外，空靈明淨，好像可以透向無盡的空間去，尤其在山水空間的表現上，更是如此，即使有時畫面豐富、山木葱鬱，但整個意境的清淨靜謐，不著一點煙塵，這使看畫、賞畫的人心曠神怡，心神也為之洗滌而平靜下來。

有人研究他的畫說：「他的畫往往有一種否定自然空間的力量，使景物在紙面當頭劈面直入，不沾不脫，乾淨俐落，有空谷足音的美妙。」

溥心畬先生把佛教的「空」、儒家的「仁」、道家的「無」與「逍遙」全化成了一片有著生命深情的空靈，甚至他也將知識化成了芬芳，點染在他的畫面上。而這是他超越古人的地方，是他在自古以來文人畫上的繼承與創新。今天人們好用西方繪畫元素來談創新，因而也就不易看見溥先生如此含蓄、內斂、深邃的創造表現了。

然而，在畫面上，溥心畬求其空、求其淨，求其不落半點纖塵；而黃賓虹則是求其密、求其濃，求其宇宙的悸動，生命的悸動。

用重墨的黃賓虹

另一位畫家黃賓虹先生也是飽讀經史、詩、文的大學者，同時在書法、繪畫、篆刻上有所成就，也是達於這時代頂尖高度的文人畫的創作者。

黃賓虹飽讀經史子集，並涉獵各種藝術，他相信古舊的傳統，仍然蘊含著鮮活的生命力與能動力。他認為傳統國畫是人類世界上一種優秀的「美學表現」。根據這信念，他努力發掘傳統筆墨中可能的特殊趣味，而形成了自己的繪畫風格。

換句話說，黃賓虹堅持用傳統的筆墨創作，他認為這古老的用具、素材，是有無限的創新力的。只要使用者不斷的鍛鍊筆墨工夫，就可用這工夫創造藝術作品，超越國界，並成為人類世界可以共同欣賞的藝術了。

他甚至說：「中國之畫，其與西方相同之處甚多，所不同者，工具物質而已。」他這視野，實在是超乎一般人之上。的確，我們如果只從現象去看中西傳統藝術，繪畫是有極大差別，但如果我們超然從這有差距的現象上去看，我們其實可以看到人類的根本相通處。如同我們說：「只要是人類，不約而同的會有自身的藝術創造，在人性之中都能有美感經驗、有審美性，是以只要是藝術，就必然會有跨越時空、文化、民族差異但卻又會相融通、相互欣賞的可能。」就如同前幾年，古埃及沙漠中發現了三千多年前當在莎草紙上的送葬曲，名為死亡之歌。古音樂家試著將它復原，製作ＣＤ發行世界，廣受歡迎。

西方近代藝術，從早期印象派到高更、塞尚、梵谷，以至馬蒂斯、畢卡索、蒙德利安、保羅．克利、杜象、米羅、波洛克，都是用了許多東方繪畫元素，包括書法、線條，而開展出西方全然不同的繪畫創作，以及近代藝術之路，影響全世界。

當黃賓虹從西方的現代繪畫中，意識到「線條」與皴法，而不再只從傳統以來所說的皴法上來看中國的藝術、繪畫作品，這樣一來，古代的皴法似乎具有了新的生命力。黃賓虹可說是：「二十世紀中，中國畫家裡，極少不借西方繪畫技巧與畫理，而成功的為傳統國畫注入生命力的藝術家。」他一生致力於維護、宣揚中國傳統文化，不怕西方文化的挑戰，而堅信中國文化會走上開展的路。

黃賓虹是位早學晚熟的山水大畫家。他的繪畫最驚人又膾炙人口的是畫面上「黑、密、厚、重」，成為中國，也是世界極其獨特的畫風。

他在五十歲到七十五歲之間，遍遊黃山、峨嵋、青城、桂林、武夷、雁蕩、天台、廬山、泰山，並深入三峽，登過萬里長城。他所到之處，極目而望、仔細觀察，有時半夜而起、靜觀夜晚山的景象。他也去香港、九龍，靜觀大海之波浪。他所到之處不止是觀，也盡情的圖繪，做出記遊的畫稿，同時他不止是在看、在觀，還在不斷的思考。

我們從他的詩稿中看到他不斷的問：「近山何以會白？遠山何以會黑？」他中午入山中「找氣」，在黃昏入山中「尋韻」，他想掌握住天地宇宙中變化的奧祕，理解宇宙天地萬物所存在之理。他全然走進了唐代張璪所謂的「外師造化、中得心源」的境地。

他到七十五歲以至九十歲，山水畫終於走上成熟，他將自己悟得的宇宙常道之理，用筆墨、水法表現出來。他以濃的筆墨及鋼鐵般的線條畫大山、大水，因之使畫面變得更黑、更密、更滿，他把北宋人的筆法，甚至北宋理學上的太極圖說的部分原理，成為他筆墨變化的依據，虛實、密鬆、緊輕、有無、正反，都成為他理論的技巧。

他的畫在越濃、越黑、越密處，都看得見其中層層鬆開，寬闊的內部空間，一切亂而不亂，密而不密，黑又透亮，天地既濃成一塊，又通透舒緩。在緊密處，似乎又非常鬆軟。真如老子所說：「唯天下之至柔，行於天下之至堅」，也如同莊子所說：「唯天下一氣耳」，世界、宇宙一切都在生生不息的躍動中。整個宇宙的吞吐呼吸、生之大力都在他的「黑、密、厚、重」中顯現。

黃賓虹先生自己說：「我有禿穎如屈鐵、清剛勁健無其匹」，同時他形容自己的畫是「黑團團中墨團團、黑墨團中天地寬。」

一九八二年四月「中國二十世紀五位名畫家傳統畫展」，在巴黎近代藝術博物館展出，黃賓虹的廿幅山水畫，博得極高的評價，許多評論亦說：「黃賓虹山水就是黑得好、密得奇。」而日本的一位東洋美術史學者則說：「黃賓虹晚年用墨工夫之深，可使元代的黃公望、明代的沈石田（沈周）、清代的垢道人（程邃）不能匹敵，黃賓虹的奇妙變化，古人都還沒有過。」

黃賓虹先生堅信中國傳統文化中，必藏有新意，國人如果用心去研究、尋找，必能創造出這世上從未有之奇。而他做到了。

溥心畬先生、黃賓虹先生都是所謂的文人畫家，在他們深沉的傳統學術研究與不斷的思考反省中，他們不只是摹古、臨古且也張開了雙眼，打開了心胸看這世界，讀這宇宙，從人法地、地法天、天法道、道法自然中，為中國人走出了一新天地，也開啟了一條既舊且新的藝術創造的大道。

附錄

知道、守道，下筆自然能神

——讀理玄先生書畫有感

＊文人畫擺脫形式的束縛，充分表現畫家思想、情感、心緒、體得的畫法，實際上也是歷史的一大進步。因這不僅強調了創作的自由，更是人精神的解放。這至今仍可成為人類創作上的最高目標。

大學時代就已聽聞理玄先生的大名。那時他在研究所讀書，是學校的才子之一。並聽說還善打太極拳，可說是文武兼備的才藝之士。

將近二十年前吧？好像中廣公司為孫毓芹先生舉辦古琴演奏會，前往聆聽時，才知理玄先生也是琴中高士，因當晚他也受邀彈奏琴曲。而後陸陸續續在一些古琴雅集中欣賞到他琴中之風韻。到藝術學院任教以後，有幸常能見到理玄先生，從生活中親見其為人。知道他博學、多藝、瀟灑、風趣，常妙語如珠。同時也知道他耿介不群，有所為，有所不為。

見到理玄先生的畫倒是較近來的事。一是去年，他受邀和幾位大學時的同學聯展。畫幅不多，逸筆草草，除了深帶文人雅士之風外，畫上充滿琴韻的節奏。一是最近，與友人前往他家拜訪。在他滿是書、畫、琴、石古雅的書齋，見到他一系列的畫作。誠如書法家十之先生（張隆延）所言：「我輩一見理玄教授的水墨繪事，立時覺得眼明神曠。」

我不敢列在十之先生的「我輩」人中，但是見到這些畫作，確也是眼睛為之一亮，神清氣爽起來。

想到近代中國在西方文化的衝擊下，在自身求新求變的急切要求中，中國現代畫家們都多多少少努力從事中國繪畫的創新試驗。

探索新的可能與新的思索

我們可以看到許多畫家都試著把西方傳統繪畫中的三度空間帶入；有的增加畫面物

體的明暗光影，以呈現物體本身的立體性、重量感。有的或擴大繪畫題材，大膽敷彩用色，或者力求畫面飽滿、沉重。大家從各方面尋找突破傳統繪畫中線條、皴法與空間留白處理。

在諸多嘗試中，我們見到許多成功的範例。只是在新繪畫創作上，似乎總是概念多於感覺，設計理念凌駕在筆墨情韻之上。人們似乎只努力於畫面形式的改變，忽略中國傳統繪畫中內在精神的要素，甚至似乎沒有人努力於嘗試精神與形式的合一，或仍表達出宋、元以來，文人畫中那股天真、浪漫、清明、妍雅的畫風。

這也就是說，中國傳統繪畫，特別是到了宋元明清，已成繪畫主流的文人畫，幾乎無人繼承。當然，現代中國人對文人畫有許多的批評。特別是認為他們過分重視「神韻」，輕忽「形似」，給中國繪畫藝術的發展帶來了不良的後果，同時也使得中國繪畫自清代始，遠離真實的生命圖象，輕忽寫生，一切以摹古為主。

這種觀點是有事實依據的。不可否認，也是消極、負面的一種看法。

如果我們換一個角度，從歷史的發展過程來看：中國繪畫從遠古時代以作為生活經驗記錄的圖文，發展為社會倫理教化的圖像。而後到魏晉南北朝，首由顧愷之提出「傳神寫照」，「以形寫神」的美學觀。宗炳進而說「繪畫乃『暢神』而已」，並進一步將「山水自然」視為宇宙、生命中的一種「道」的呈現。畫者當「含道應物」或「澄懷味象」地加以表達（注：魏晉時期南朝劉宋的畫家宗炳：「聖人含道應物，賢者澄懷味象。」）

至此，中國繪畫逐步開始走向獨立，畫家也開始能從自身的體會上，做如實或自由的創造。

宋朝蘇東坡將唐朝王維的山水畫，提升到有畫聖之稱的吳道子之前，更是這種來自內在自由創作的提煉。這不僅說明繪畫是畫家主觀情感、意向的表達，同時還要能擺脫自然形象與色調的限制，達到與「道」合一的境界。

質言之，文人畫家們對客觀的現實，不再做精細的描繪，他們有如西方哲學家，總想揭示現象，探索、呈現事物的本質。

因此，物象在他們眼中和筆下，就變得撲朔迷離。乍看之下，一切都似乎實實在在，一山一樹，一花一草，一筆一畫，真實不虛。但仔細觀察，又似乎捉摸不定。畫家的每一筆下去，目的不在形的描述，或許只是帶出一些層次，點出一些精神意趣。墨色的濃淡，層層的塗抹、暈染，常使得畫面混沌一片，分不清界線。一切好像是畫家興之所至，漫不經意，隨手地揮灑。只是就在這不經意的追求中，常出神入化的變化萬端，把人帶入奇妙難言的佳境。將人內在深沉的情意與想像，引入空前未有的宇宙中。

擺脫形式的束縛的文人畫，也是創作、精神的解放

蘇東坡心目中藝術最高的境界是從這裡開始。他的提倡，使得宋代文人畫家在不拘筆墨蹊徑中，重視自我表現，加上書法筆趣的運用，全力捕捉宇宙、生命中最具代表的情態，在似與不似間創作徘徊。

他們幾乎放棄了色彩，總以墨色作畫，又處處留白。就在白黑的變化中，宇宙中的虛實、有無也就隨著筆意流出。一幅畫作也就是老子道體的呈現。

元人繼承了這種畫風，比宋人更進一步地遊走在個人內在深沉的感受與宇宙的基本規律之中。發展出更豐富的筆法，或徐緩，或迅疾；或輕拂，或重擦。有的枯澀，有的滋潤；有的豪縱，有的謹飭。在皴法上，他們有更多表現物象本質的方式。並將線條組成韻律，表達氣象，抒發情感，建立自身強烈的藝術風格，使文人畫的表現力和感染力有了更大發揮。

這種擺脫形式的束縛，充分表現畫家思想、情感、心緒、體得的畫法，實際上也是歷史的一大進步。因這不僅強調了創作的自由，更是人精神的解放。這至今仍可成為人

類創作上的最高目標。它也標誌著前人在歷史發展中對宇宙、生命、文化的總體經驗，是古人對文化、知識掌握、運用達到新階段的表現，也是人類在自我心靈成長中的高峰。

創作者抒發個人心懷、特質

在當時，成為一個文人畫家，不僅要能畫，更要有廣博的知識與修養。不僅要飽讀詩書，也要上知天文，下知地理，以至草木蟲魚自然生態之名。明朝吳門畫派更當要深知琴韻音律，還要品格高潔，如此他們才能鍛鍊自己有高度概括、歸納的能力。面對千山萬水，千變萬化的氣象，下筆縱橫萬里，概括出基本的形象與規律。以之合乎宇宙本體的「道」，又能移情、移性進入孔子中心的「仁」，還發抒個人特有的情懷，並使觀者怡情悅性，走向悟道的契機，觸發自由的心靈。

據宋代傳說，大文學家秦觀，一日得了腸胃病，有位朋友就捧著王維的名畫《輞川圖》給他看。沒想到，他看了幾天，彷彿真的來到鬱鬱蔥蔥的山谷，呼吸了清爽的空氣，五臟六腑似乎都被洗得乾乾淨淨，於是心情大開，腸胃病也就不藥而癒。

而今看了理玄先生的畫，乍然驚喜之餘有著類似的心境。理玄先生似乎全然繼承了宋元明清以來的文人墨戲的筆意，同時又發展出個人自身獨特清新的畫風。

總體的說，他的筆墨簡鍊明雋而有力，構思樸質自然，手法清奇，妍雅且略帶些許巧麗，致使風格優美、典雅、脫俗。

他極善於捕捉物象瞬間的情態，也善掌握內在快速流動的心象。畫面虛實、有無的處理，不僅留給觀者充分想像的餘地，也能帶著人們進入宇宙大氣的起伏裡。我在靜觀之餘，似乎能隨著他畫中的節奏呼吸，並進入一空靈的世界，久久不忍離去。

我驚訝於他筆觸中，輕重、徐疾、蒼勁、秀媚、乾澀、潤濕間看似不經意又恰到好處的處理，也欣喜於那墨色濃淡暈染間的均衡比例。有時快速流動的線條交織著極緩慢而粗鬆的筆法，畫者內在含藏的秀潤與瀟灑，躍然而出、點綴在整幅畫上。水天疏闊，境界清朗，山水、秀石在有形、無形之間。這裡很清楚的可以看到古琴音韻盡入畫中。我們可以隨著畫中的節奏，感受宇宙、生命中的律動，並進入無限太空之中。

這樣的筆法也表現在蘭、梅、竹、石的畫作上，清雋典雅。這原本也是文人畫家喜歡的題材。他們表達了畫者高潔的情操與精神的嚮往。十之先生說：「面對秋林疊嶂，水遠風清，淡泊天真的造境；或是小幅芳草、瘦石、秀竹、幽蘭；爾雅雋逸的筆意，都使人感到八大山人的風味！可是仔細觀察，卻沒有一件是臨仿八大山人的名畫！幅幅都是理玄、張教授的創作。」

的確，在幾幅花卉中，更見畫者特有的靈秀清明、跳脫峻秀的筆意。在似象與非象間，使人心曠神怡，愛不釋手。這是理玄先生有著高度概括能力及書法功底，同時也是他在古琴、文學、美學等諸種知識學問上的具體表現。

至於書法更見俊挺，可說是神氣清健，結體勁媚，運筆精到，秀色可餐。其中難能可貴的是氣貫筆勢，遊走中鋒，字字生動活潑。

古人說：「畫者心畫也」，又說：「書者書心也」。或可說理玄先生之心上承古人，而期近於「道」，是以下筆自然有神。

綜觀他的著作：《道之美》、《氣於書畫鑑賞中之研考》，《谿山琴況的大雅清音論》、《吳派之畫風與琴風》，以及《金石派書法之研究》，全都與他實踐創作有關。而書中爬梳古人心意，展現「道理」、伸舒新意也無不與其創作及為人相關息息。

我久不聞古人清意，而今讀之，不禁深深嘆息！抬頭更見他堂上掛著清儒王文治所寫的一幅對聯：上聯是「半間高士屋」，下聯是「卅載故人情」。我想我如今將更能知理玄先生高遠的深情和抱負，也能藉此確實見大道之綿延與生生不息。

（一九九五年）

中國文化中的情與美
——寫在沈耀初先生回顧展觀後

＊以往中國繪畫所要表現的，不論山水、人物、花卉，都是在傳達人與天地自然相接後，那份來自內在的深沉情意。

中國文化原本是一情性的文化。其不同於希臘文化，僅以客觀的宇宙與物質為真理探討的對象；也不同於印度、希伯來、阿拉伯文化，以宗教的信仰和依皈，作為真理的極致。

孔子講仁，孟子說義，《大學》言正心，《中庸》談喜怒哀樂；甚至莊子的逍遙，老子的無為，不論肯定或否定，無一不是從情意的認識出發。

「情意」不是盲目的生之衝動，不是單純的感性，而是來自人面對宇宙萬物，從內心升起的真實生命感受。在此感受中所引發的一連串「喜怒哀樂愛惡」以至於「欲」的生命情意。即使是人的理智活動，其背後決定這份理智的選擇，又何嘗能超出這生命情意的活動呢？是以時至二十世紀的後期，世界科技已達於星際大戰的邊緣，人造衛星已前往探測太陽星系最遙遠的冥王星。然而每當人們面對生與死，命運的抉擇等問題時，其對生命存在的意義，莫不須透過這深沉的內在情意才能肯定。

中國學術就是以這「情意的活動」作為真理研究的對象，而中國文化則是這「情意活動」的全面展現。

近代中國在西方文化的影響下，掀起了巨大波濤，從社會結構，到生活禮俗；從思想學術，到文藝創作，無一不在這波濤激盪之下。

而在文藝創作的活動過程中，最讓各方注意、關切的——也是全國人心共同關注的，一是東西文化的匯通，一是中國未來的發展，其中當然也包含著中國繪畫的未來的動向。

清末民初，先由嶺南畫派從日本重新帶回中國南宋的水墨渲染，而後徐悲鴻再正式標榜將西方繪畫技巧用之於中國畫中。數十年來，中國國畫家們都多多少少反省、思考這個問題，且在這前提下從事創作。

有的試將傳統西方繪畫三度空間的透視，表現在畫面上，並增加畫面物體的明暗光影；有的改變畫中人物造形、衣著，擴大繪畫的題材；有的則是大膽敷彩用色，把線條擴大為面。另外，也有試圖從中國傳統線條中力求皴法與造形的突破的。

繪畫表現來自內在深沉的情意與生命體認

在這些畫家們的努力下，中國繪畫確實見到一片欣欣向榮的氣象。只是畫家們在致力突破繪畫的造形、線條、光影的變化與設置時，有的似乎逐漸迷失了中國繪畫的精神。而這迷失的也正是中國傳統文化的精神。

以往中國繪畫所要表現的，不論山水、人物、花卉，都是在傳達人與天地自然相接後，那份來自內在的深沉情意。而在這份深沉的情意中，人們才能真正體會到什麼是生命，什麼是生命的意義。

因之中國繪畫，不僅僅是攫取外在世界的一景、一物，而是要透過一景一物傳唱出一份人類面對生命的深沉感受。這感受來自對生命本身的真正體認與享有。

一如蘇東坡在《前赤壁賦》中所說：「惟有江上之清風，與山間之明月，耳得之而為聲，目遇之而成色；取之無禁，用之不竭；是造物者之無盡藏也。而吾與子所共適。」適，引申可作「享有」解。這吾與子所共適的無盡寶藏，不全然是客觀、外在的事物，而是心與物交融後的總體情狀與生命情趣。而這一切又全建立在那永恆的均衡與和諧之上。

人們透過自身內在的和諧與安寧，體察到整個世界的構成也全從均衡與和諧中產生，並瞭解到均衡與和諧乃是整個宇宙與生命的永恆秩序。這是生命的根源，也是天地生生不息的契機。掌握它，就是掌握宇宙的真實，呈現天地間一片生意。所以古人就以「氣韻生動」四字評畫。

「氣韻生動」既具體又概括的表達了宇宙間的真實與人心的感受。繪畫也就是要用筆墨、造景來傳達這既和諧均衡又流動變化，有著無限可能的活潑生意。

《中庸》說：「喜怒哀樂之未發謂之中，發而皆中節謂之和。中也者天下之大本，和也者天下之達道。致中和，天地位焉，萬物育焉。」就是這個意思。而所謂天人合一的境界，也是從這裡開始。

這不僅有感性，也參有理性。不僅有心也有物。它們是感性與理性，心與物的交融，然後流露出來的總體認知與情意的活動。而又凝聚在作者的胸臆，表現於作品、繪畫之中。換句話說，中國美感之構成，其中必有此生命之大情，而此大情具體呈現在作品、繪畫之中。

中國歷代繪畫以及其他藝術的活動，都是在這前提下發展，其形式、筆墨、造景……雖然因時而變，其精神始終一致。唐人所謂「外師造化，中得心源」就是這個意思。而所師者，也就是此精神之所在。天地宇宙以至人世間各形各物、一花一草、一几一案，莫不是展現此精神、此情意的道場與憑藉。

畫家繪畫，詩人寫詩，文人作文全都憑此申抒一己之情懷，表達個人的心得。古人所言的「意境」也就在此判然分出高下。讀者讀畫、讀詩、讀文，也就是讀作者面對此大道後的心得。前人總以作品為作者人格的表現，其原因也就在此了。

透過心靈的融會貫通，承接傳統又能創新

近代中國在西方文化的衝擊下，在求新求變的急切要求中，在繪畫的創作上，許多人似乎只努力於畫面形式的改變，忽略此精神要素。即使有些人堅持傳統水墨技巧，也多半只是臨摹前人的筆法、構圖形式以及題材而已。鮮有人從形式走入精神，進而把形式與精神合一，然後再做提升，再做突破。

沈耀初先生，埋首繪畫六十年，他一面仍承中國古人師法造化，氣韻生動的傳統要求；一面也承受來自中國近代的巨變，在繪畫形式上有很大的超越。從中他更進而表達了個人生命情懷，建立起個人繪畫風格。

基本上，他的筆法來自八大、吳昌碩、齊白石，即所謂的金石筆法，然後又在書法入畫的觀念上再做更大的表達。

因之他的線條不止於吳昌碩、齊白石，只以篆籀的筆法入畫，還進而依據客觀事物所含藏的性情與質感，透過個人主觀的總體感受與設計，加以變化與統一，求得造形上更大的誇張與動感。就單以線條來看，他已觸及中國魏晉以來，在繪畫觀念上要求形神兼備的特質。

其次在構圖上，他更有二大特色。一是畫面上賓主、虛實的呼應。一是從賓主、虛實呼應中引發人們視覺的流動，無形中建立起一旋轉的圓圈，表現一個均衡、和諧、圓滿宇宙的運轉，有如我們常透過圓形來說明或象徵宇宙人生的完美與生生不息的律動。而這也是從宋畫以來中國繪畫中特有的構圖形式，使人在有限的時空中，表現無限的延長與可能。所謂尺幅千里，也就是這個意思。

沈先生作品中雖少山水，但其構圖形式仍從這觀念引申。

從他整個繪畫看來，充滿了生命的躍動與事物自身的動勢。他雖年近八十，畫中仍滿載來自生命的肯定的情與美。一如他在展覽前夕所完成的一幅「浴牛圖」上所題：

「只要夕陽好，哪怕近黃昏」。

他全部的作品，不論任何題材，一隻疲憊不堪的老牛，一個擔負重擔壓彎背脊的老太婆。在他們衰頹、蹣跚的步履、雙肩上，仍可看到挺立不搖的生之氣象。而這是他生命的情意和面對整個宇宙人生的感受。是他人格、性情的寫照。

他更好畫梅、梅中有他不畏艱困，屹立不拔的情操；也好畫菊，菊中不僅見他如陶淵明般的心志，也有著他個人生活中的閒情韻致。

還有雞雛代表著一片田園野逸與天倫雅趣；更有野鴨與高飛的寒雁，似乎正傳達他內在深沉的秋思。真可謂「梅見其骨，菊見其志；雞雛見其逸趣，寒雁見其秋思。」

讀他的畫，彷彿見他的人，好比讀淵明、李白、杜甫的詩歌一般。而沈先生的畫似乎更近淵明的詩，都是將生活中的點點滴滴，透過個人心靈的融會貫通，凝聚而成畫面。這是中國繪畫的真精神，也是中國文化的特質。有人說：「中國繪畫史上似乎只有偉大的畫家，至於偉大的作品失傳也無損於他在繪畫史上的地位。」原因是中國文化中重「人」的精神，因唯有其人才有其作品。作品因人而生，人無須待作品而立。偉大的作品是因這偉大的人格與生命的凝鍊而成。

沈先生上接這一傳統，不僅在繪畫上，而且也在文化的脈絡上。同時他又具備此一巨變的時代精神。從中國繪畫傳統的造景、筆法、墨趣中伸展新意，圓融一氣，接近了西方現代繪畫的觀念與筆趣。

當今，大家都在從事於中國文化的再出發，再反省，沈先生似乎透過繪畫向前跨了一步。這或許可以代表近代所謂「傳統的創新」吧！同時似乎也展現了中國文化未來發展的機兆與可能，又如寒梅含苞於霜雪之中。

國立歷史博物館或也是有鑒於此，特於七十四年（一九八五年）元旦邀沈先生辦回顧展，並決定購藏他的十幅作品，肯定他在中國近代繪畫史上的地位與成就。

回看中國往昔先祖在廣大的黃淮平原上，面對廣闊無垠的天地，開出此一有情世界與文化，提供人們在理智思辨、信仰皈依之外另一條人生大道。今天，我們既然努力於尋求中國未來的出路，文化未來的發展，而這原本屬於生命的感受與對生命肯定的無限情意，是否也可以再重新加以一番思考與反省呢？唯待賢者思之了。

alinea 08 ——

辛老師的私房美學課

作　　者—辛意雲
發 行 人—王春申
總 編 輯—李進文
編輯指導—林明昌
主　　編—邱靖絨
校　　對—楊蕙苓
封面設計—兒日設計

業務經理—陳英哲
行銷企劃—葉宜如
出版發行—臺灣商務印書館股份有限公司
23141 新北市新店區民權路 108-3 號 5 樓（同門市地址）
電話：(02)8667-3712　傳真：(02)8667-3709
讀者服務專線：0800056196
郵撥：0000165-1
E-mail：ecptw@cptw.com.tw
網路書店網址：www.cptw.com.tw
Facebook：facebook.com.tw/ecptw

特別感謝：建國中學圖書館
建國中學國文科教學研究會

圖片提供：P.19、P.29 鄭治桂
全書由作者提供之圖片，如有連繫未及處，請直接與出版社連繫。

局版北市業字第 993 號
初版一刷：2018 年 10 月
印刷：禹利電子分色有限公司
定價：新台幣 360 元
法律顧問—何一芃律師事務所

辛老師的私房美學課 / 辛意雲著. -- 初版. -- 新北市 :
臺灣商務, 2018.10
面； 公分 . -- (alinea ; 8)

ISBN 978-957-05-3167-1(平裝)

1. 美學 2. 藝術哲學 3. 藝術欣賞

180 107014043